JN046366

改訂新版

子ども家庭福祉のフロンティア

伊藤　良高
永野　典詞　編
三好　明夫
下坂　　剛

晃　洋　書　房

は し が き

　近年、「子ども支援」及び「子育て支援」の総合的・統合的ワードとしての「子ども・子育て支援」の必要性・重要性が指摘されている。このワードが、政府の政策文書で使用され始めたのは、2010年１月、少子化社会対策基本法（2003年７月）第７条の規定に基づく「大綱」として策定された「子ども・子育てビジョン〜子どもの笑顔があふれる社会のために〜」においてであった。すなわち、同ビジョンのなかで、子どもと子育てを応援する社会の構築に向け、「子どもが主人公（チルドレン・ファースト）」、「『少子化対策』から『子ども・子育て支援』へ」、「生活と仕事と子育ての調和」という３つのスローガンが提起されたことが、その端緒となっている。そこでは、「これまで進められてきた少子化対策の視点からは、真に子ども・若者のニーズや不安、将来への希望に応える政策を生み出すことはできなかった」と述べられ、当事者の目線で、子ども・若者の育ち、そして子育てを支援することを第１に考え、個人が希望を普通にかなえられるような教育・就労・生活の環境を社会全体で整備していくことや、子どもの成長、子育て、個人の生活、仕事をバラバラに切り離して考えるのではなく、子どもと子育てをみんなで支えるセーフティネットワークを協力してつくりあげていくことの大切さが唱えられている。

　こうした指摘に見られるように、近年、子ども・子育て支援の理論と実践において、子ども・若者（以下、子どもと総称）、子育て家庭、地域社会をホリスティック（全体的）にとらえ、子どもと子育てをトータルに支援していくことが求められている。すなわち、子ども・子育て問題の多様化、複雑化、困難化を背景として、子どもの育ちや生活に関する問題は、父母その他の保護者（以下、保護者と総称）、家族のあり方、さらには、地域社会の問題でもあるととらえられるようになり、「子ども家庭福祉」をキーワードに、子どもの「幸福」（ウェルビーイング）と保護者の「幸福」（ウェルビーイング）を同時的・統一的に保障することがめざされている。子どもの幸福をどのように実現するかを原点としつつ、保護者が幸福、すなわち、保護者として、また、１人の国民・人間として、「自己の人格を磨き、豊かな人生を送る」（教育基本法第３条）ことができていない状況（例えば、貧困や社会的孤立）にあっては、子どもの幸福もまた当然に実現されないという、いわば自明ともいえる原則が改めて確認されつつある。

　本書は、子どもの幸福と保護者の幸福の実現という視点から、現代の子ども家庭福祉をめぐる論点と課題について考察しようとするものである。急速な少子化や家庭及び地域を取り巻く環境の変化に伴い、子ども家庭福祉をめぐる状況が大きく変化しつつある今日、子ども家庭福祉に求められているものは何か、どうあるべきかについて、そのグランドデザインと展望を明らかにしようと企図している。本書の大きな特徴として、子ども家庭福祉に関する諸問題について、① 注目すべき最新のトピックを取りあげながら、関連する基礎的知識を全体的に網羅している、② 子ども家庭福祉のみならず、保育、幼児教育、心理、療育、保健、矯正、更生保護等関連領域をも対象としている、③ 諸外国の子ども家庭福祉の動向も適宜、取りあげている、など構造的かつ総合的な把握をめざしている。また、子ども家庭福祉研究・実践の第一線に立っている研究者・実践者がその最新理論と動向を、図・表・資料を駆使しながら、ビジュアル的にわかりやすく解き明かそうとしている。

　本書は、好評を博してきている伊藤良高・永野典詞・三好明夫・下坂剛編『新版　子ども家庭福祉のフロンティア』(2015年4月。原著は、伊藤良高・中谷彪編『子ども家庭福祉のフロンティア』2008年4月)について、児童虐待の増加や幼児教育・保育の無償化の動き、「保育所保育指針」、「幼稚園教育要領」、「幼保連携型認定こども園教育・保育要領」の改定(訂)・適用(施行)、新保育士養成課程、新幼稚園教員養成課程の実施、国による「地域共生社会」の実現の提唱等発行後の諸情勢の変化を踏まえながらアップデートし、新たな原稿を追補するなど、その内容を大幅に改善、充実したものである。大学・短期大学・専門学校等において、子ども家庭福祉について学ぼうとする学生諸君の講義テキストとして、また、現任保育者・教師、子ども家庭福祉従事者のための実務・研修テキストとして、さらには、子ども家庭福祉問題に関心を持っている一般市民のための参考資料として編まれているが、これまでに発行されている「フロンティアシリーズ」に追加される新たな一書としてその名にふさわしい内容となっているか否かは、賢明な読者諸氏の判断に委ねるしかない。今後、読者諸氏の建設的なご意見やご助言を賜りながら、さらなる改善に努めていきたい。

　最後になったが、厳しい出版事情のなかで、本書の出版を快諾された晃洋書房の植田実社長、編集でお世話になった丸井清泰氏、校正でお手数をおかけした山中飛鳥氏に、心から感謝の意を表したい。

　2020年2月2日

編者を代表して　　伊藤　良高

目　　次

第1章

親と子の「幸福」と子ども家庭福祉

はじめに

　子どもは、「未来における可能性を持つ存在であることを本質とする[1]」から、その生来的な可能性を個性豊かに開花させるためには、1人1人の子どもが心身ともに健やかに育てられ、ひとしくその生活を保障されることが不可欠である。また、子どもの最善の利益の尊重という観点から、子どもの父母その他の保護者（以下、保護者と略）及び家族に対する必要かつ適切な支援が社会公共的に提供されることが大切である。

　本章では、親と子の「幸福」と子ども家庭福祉をめぐる基本問題について、総論的に考察することにしたい。具体的には、子どもと子育て当事者の視点から、子どもの「幸福」を実現する子ども支援とはいかなるものか、また、保護者の「幸福」に資する子育て支援はどうあるべきかについて検討しながら、子ども・子育て支援としての子ども家庭福祉に求められるものについて論じていきたい。

I　子どもの「幸福」と子ども支援

　子どもの「幸福」とは何かについて、その内容を明確に示したり、簡潔に述べたりすることはそう容易いことではない。なぜなら、その概念自体が歴史的、社会的に変化するものであるし、また、様々な側面からとらえることができるからである。しかしながら、現代日本において、最高法規としての日本国憲法（1946年11月）や教育基本法（2006年12月）、学校教育法（1947年3月）、児童福祉法（同年12月）等の関係法律、さらには、国連・児童（子ども）の権利に関する条約（1989年11月）等の国際法に基づいて考えることはとても大切であり、有意義である[2]。

　まず、日本国憲法（以下、憲法と略）は、第11条で、子どもも「国民」として、

人間らしく生きていくための基本的な権利と自由である基本的人権を享有^{きょうゆう}していることを規定している。そして、第13条は、子どもを含むすべての国民は、「個人として尊重される」ことを明記し、「生命、自由及び幸福追求に対する国民の権利については、……、最大の尊重を必要とする」と規定している。ここで重要であることは、基本的人権が「侵すことのできない永久の権利として」（第11条）国民に与えられているのは、その目標としての「幸福を追求する」「幸福に生きる」ためにということである。

　憲法上には、様々な基本的人権条項が規定されているが、とりわけ成長・発達の途上にある子どもにとって、「教育を受ける権利」（第26条）が最も重要である。同条は、第1項で「すべて国民は、法律の定めるところにより、その能力に応じて、ひとしく教育を受ける権利を有する」と定め、第2項で「すべて国民は、法律の定めるところにより、その保護する子女に普通教育を受けさせる義務を負ふ。義務教育は、これを無償とする」と定めている。この規定は、国民1人1人に、ひとしく教育を受ける権利を保障するとともに、国に対し、国民の教育を受ける権利を実現するための立法上その他の措置を講ずべき責務を負わせたものであるが、国民、就中^{なかんずく}子どもについて保障したものということができる。従って、子どもの「教育を受ける権利」は、国民としての「幸福追求権」を充足するために、基底的かつ中核的なものとして十全^{じゅうぜん}に保障される必要がある。³⁾

　次いで、教育基本法は、教育の目的について、「人格の完成を目指し、平和で民主的な国家及び社会の形成者として必要な資質を備えた心身ともに健康な国民の育成」（第1条）と規定している。ここでいう「人格の完成」とは、「子どもが持って生まれてきた諸能力を全面的かつ最大限に、しかも調和的に伸長する」ことにほかならないが、子どもの「健やかな育ち」、すなわち、1人1人の子どもの持つ可能性が個性豊かに開花し、心身ともに健康に育つことが、子どもが「幸福に生きる」ことに符合するものであると解される。近年、子ども（児童）家庭福祉の領域では、その基本理念について、ウェルビーイング（well-being）の確保や自立を支援することにあると唱えられ、うち、ウェルビーイングについて、「個人の権利や自己実現が保障され、身体的・精神的・社会的に良好な状態にあること」などと示されているが、こうした理解も、上記のそれと同義であるということができる。その具体的な内容については、教育基本法第2条（教育の目標）や学校教育法等に規定されている。

　子どもの幸福の実現のためには、さらに、その土台としての生命・生存・生活保障も欠かすことができない。とりわけ、発達段階の低い乳幼児期・学童期の子どもにあっては、養護ないし保護という観点から、特別な配慮が求められる。この点については、「生存権」について定めている憲法第25条や児童福祉法、社会福祉法（1951年3月）、児童憲章（同年5月）、さらには、国連・国際人権規約（1966年12月）や同・児童（子ども）の権利に関する条約、同・障害者の権利に関する条約（2006年12月）等の関連諸規定と重ね合わせながら、より構造的・体系的にとらえていくことが不可欠である。

2　保護者の「幸福」と子育て支援

　保護者の「幸福」とは何かについても、子どもの「幸福」と同様に、否、それ以上に複雑な側面・要素を持っており、端的に提示することは困難である。しかしながら、ここでは、ひとまず、保護者による保育・教育・子育てに対する支援（以下、子育て支援）を中心にとらえてみるならば、以下のようになる。

　例えば、教育基本法は、「家庭教育」について、「国及び地方公共団体は、家庭教育の自主性を尊重しつつ、保護者に対する学習の機会及び情報の提供その他の家庭教育を支援するために必要な施策を講ずるよう努めなければならない」（第10条第2項）と述べ、家庭教育の自主性を尊重しつつ、国・地方公共団体による家庭教育支援への取り組みの必要性を説いている。その背景には、「都市化・核家族化・少子化等が進み、過干渉・過保護・放任、児童虐待等が社会問題化するなど、家庭の教育力の低下が指摘される[4]」といった状況認識のもと、国・教育行政が、家庭教育に対する関心を強めてきていることが挙げられる。[5]また、併せて、同法は、「幼児期の教育」について、「生涯にわたる人格形成の基礎を培う重要なものであることにかんがみ、国及び地方公共団体は、幼児の健やかな成長に資する良好な環境の整備その他適当な方法によって、その振興に努めなければならない」（第11条）と規定し、就学前の幼児に対し家庭や地域で幅広く行われる教育を含めて、幼児期の教育の振興に対する国・地方公共団体の努力義務を定めている。これを受けて、学校教育法は、第24条で、「幼稚園においては、……、幼児期の教育に関する各般の問題につき、保護者及び地域住民その他の関係者からの相談に応じ、必要な情報の提供及び助言を行うなど、家庭及び地域における幼児期の教育の支援に努めるものとする」と述べ、

幼稚園による家庭・地域における幼児期の教育の支援を求めている。

　こうした取り組み内容は、子ども家庭福祉の領域にあっては、子育て支援の中核に保育所が位置づけられて以降、特に児童福祉法の一部改正により保育士資格が法定化される2001年前後頃から積極的に提示されてきている。すなわち、保育士の定義について、「登録を受け、保育士の名称を用いて、専門的知識及び技術をもつて、児童の保育及び児童の保護者に対する保育に関する指導を行うことを業とする者をいう」（第18条の４）と定められ、子育て支援が保育士の職務内容として位置づけられた。また、併せて、保育所は、その行う保育に支障がない限りにおいて、地域の実情や当該保育所の体制等を踏まえ、地域の保護者等に対する子育て支援を積極的に行うことや、保育所に勤務する保育士には、乳幼児等の保育に関する相談・助言を行うための知識及び技能の修得、維持、向上に努めることが努力義務とされた（第48条の３）。

　上記の動きは、少子化問題が大きな社会問題となるなかで、子育て支援の必要性が広く唱えられるようになった1990年代後半以降、国・地方公共団体による様々な子育て支援事業として具体化されている。その背景には、厚生労働省「保育所保育指針解説」（2018年２月。以下、保育指針解説と略）が指摘するように、「少子化や核家族化、地域内におけるつながりの希薄化が進む中で、子育てをする上で孤立感を抱く人や、子どもに関わったり世話をしたりする経験が乏しいまま親になる人も増えている。」それに伴い、「多様化する保育ニーズに応じた保育や、特別なニーズを有する家庭への支援、児童虐待の発生予防及び発生時の迅速かつ的確な対応など、保育所の担う子育て支援の役割は、より重要性を増している」といったとらえ方がある。また、併せて、保育士の専門性として、子育て支援について、子どもと保護者の関わりなどを見守り、その気持ちに寄り添いながら適宜必要な援助をしていく関係構築や、保護者等への相談・助言に関する知識・技術などが求められている。

　このように、保護者の「幸福」について、近年、「子育て支援」がキーワードとなり、男女共同参画社会の進展や家庭の養育力の低下などの今日的状況を踏まえ、保護者自身が子育てに自信を持ち、子育てを楽しいと感じることができるような、保育所・幼稚園・認定こども園等保育施設や保育士・幼稚園教諭・保育教諭等保育者の働きかけ、環境づくりが社会的課題として提起されている。そこには、「保護者支援」とは、子どもを現に監護する者としての「保護者」を対象にしているということから、「子育て支援」をさし、子育て支援の拡充・

充実が保護者の幸福につながるという理解が見られるといえよう。それはそれで、とりあえずは正論である。

③　子ども・子育て支援としての子ども家庭福祉

　では、子ども・子育て支援としての子ども家庭福祉に求められるものは何であろうか。以下では、3点、指摘しておきたい。

　第1点は、子ども・子育て支援としての子ども家庭福祉の施策と実践において、子ども・子育て当事者の視点から、子どもの「幸福」と保護者の「幸福」を総合的・統一的にとらえていく必要があるということである。それは親と子の「幸福」の実現であるともいってよいが、常に子どもの最善の利益を考慮しつつ、現実にはかなりの困難が伴っても、能う限り両者のバランスをとりながら、ともにささえあい、育ちあう親子関係を構築していくことが大切である。

　諺や格言の世界では、古くから、「親が育つ、子どもも育つ」「子どもは社会の鏡、親は子どもの鑑（モデル・手本の意）」などといわれてきたが、その言葉の通り、近年、子どもの育ちや生活の問題は、保護者、家族のあり方、さらには、地域社会の問題でもあるということが広く認識されつつある。すなわち、子どもの幸福をどのように実現するかを原点としながら、保護者自身が幸福を実感できていないところでは子どもの幸福もまた実現されないという、いわば自明の理といえる原則が再確認されてきている。「子ども・子育て支援」というワードが、国の政策レベルで初めて登場したのは、2010年1月に策定された「子ども・子育てビジョン」のなかにおいてであるが、そこでは、「社会全体で子育てを支える」という基本的考え方のもと、生活と仕事と子育てを調和的にとらえていくことの大切さが提唱されている。このように、子どもの遊びや学習、生活、その他ライフコース全般を視野に入れ、子ども、子育て家庭及び地域社会をホリスティック（全体的）に支援していくことが求められるのである。

　第2点は、子ども・子育て支援としての子ども家庭福祉の施策と実践において、「保護者支援」を「子育て支援」とイコールもしくはほぼ同義とせず、より総合的・構造的に位置づけていく必要があるということである。

　前出の「保育指針解説」にあっては、「保護者支援」を「保護者が支援を求めている子育ての問題や課題に対して、保護者の気持ちを受け止めつつ行われる、子育てに関する相談、助言、行動見本の提示その他の援助業務の総体」を

さし、「子どもの保育に関する専門性を有する保育士が、各家庭において安定した親子関係が築かれ、保護者の養育力の向上につながることを目指して、保育の専門的知識・技術を背景としながら行うものである」と説明している。そして、保育所の特性を生かした支援や子どもの成長の喜びの共有、保護者の養育力の向上に結びつく支援、地域の資源の活用などを保護者支援の基本となる事項として掲げている。確かに、保護者の幸福の実現にとって、子育ての喜びやいきがいの実感はその中核をなすものであるとしても、それがすべてではないこともまた事実であるといえるのではないだろうか。すなわち、保護者にとって、仮に仕事と子育てをしていても、1人の人間・個人として、「趣味・娯楽活動や学習活動、社会活動、ボランティア活動などに参加することができ、様々な活動を通して自己実現をはたせるような環境を整備していく」ことが必要不可欠である。かかる意味で、保護者の幸福を、子どもの幸福を増進する基盤としての「社会参加権の保障」「人間性の尊重確立」（健康で文化的な生活の実現）といった観点から十全にとらえ直していくことが求められている。

第3点は、子ども・子育て支援としての子ども家庭福祉の施策と実践において、「若者支援」という視点から、より継続的かつ包括的に展開していく必要があるということである。近年、子ども・若者をめぐる環境が悪化し、社会生活を円滑に営むうえでの困難を有する子ども・若者の問題が深刻な状況にあることが指摘されているが、「若者」（ここでは、ポスト青年期の40歳未満の者をさす）をキーワードに、子どもの幸福と保護者の幸福の実現への方途を模索していくことが大切である。

別の機会に詳述したように、近年、「格差社会」の広がりのなかで、「子どもの貧困」に対する関心が高まっている。そして、多くの論者から、「子どもの貧困」は、子どもの現在の状況に影響を与えるのみならず、青年期・成人期へと長期にわたって固定化し、さらに次の世代へ引き継がれる可能性（いわゆる貧困の世代間連鎖）を含んでいることが指摘されている。すなわち、「子どもの貧困」と「若者の貧困」は、連続的・重層的な関係にあり、これらの貧困の克服を統一的にとらえる視点と政策が緊急に求められているのである。子ども・若者育成支援対策推進法（2009年7月）が記しているように、「子ども・若者育成支援」という観点から、「子ども・若者の健やかな育成、子ども・若者が社会生活を円滑に営むことができるようにするための支援その他の取組」（前文）を推進していくことが大切である。こうしたことから、国・地方公共団体は、子

ども・若者支援に係る総合的な支援計画を策定し、子ども・若者・子育て家庭の個別的なニーズに適った施策を実施していくことが求められる。

おわりに

　中谷彪は次のように述べている。「子どもの権利を保障する法律ができただけでは、子どもの権利や子どもの幸福が実現するのではない。それは、あくまでも条件整備のひとつが準備されただけに過ぎない。日本国憲法や児童福祉法や児童憲章や児童の権利に関する条約等が施行されていても、日本の子どもの権利が守られ、子どもが幸福な生活を享受しているとは、到底思えないような不幸な現実が、多数存在するからである。すべての『子どもの幸福』を実現するためには、法律制定以上に、さらなる努力が必要なのである」[8]。味読に値するが、正にこの指摘にあるように、親と子の「幸福」の実現に向けて、保護者、保育者・教師、子ども家庭福祉施設・従事者、地域住民、国・地方公共団体など、子ども・子育て支援に係るすべての者・施設・機関が、それぞれの役割と責任を踏まえながら、相互に協働（連携・協力）しあっていくことが大切である。親と子の「幸福に生きる」権利のための国民・社会総がかりによる環境整備が、子ども家庭福祉のキーポイントである。

　　　　　┃ 演習問題 ┃
　1．子どもの幸福を実現する子ども支援とはいかなるものか、考えてみよう。
　2．日本における子育て支援の現状と課題について整理してみよう。
　3．子ども・子育て支援としての子ども家庭福祉に求められるものは何かについて、まとめてみよう。

注
　1）第2次教科書訴訟・第1審東京地裁判決（杉本判決）、1970年7月17日。
　2）参照：伊藤良高・伊藤美佳子『新版　子どもの幸せと親の幸せ──未来を紡ぐ保育・子育てのエッセンス──』晃洋書房、2017年。
　3）参照：中谷彪「子どもの育ちと親・教師の責任」、伊藤良高・永野典詞・中谷彪編『保育ソーシャルワークのフロンティア』晃洋書房、2011年。
　4）田中壮一郎監修、教育基本法研究会編著『逐条解説　改正教育基本法』第一法規、2007年、134頁。

5）参照：塩野谷斉「家庭教育と教育基本法」、伊藤良高・大津尚志・中谷彪編『新教育
　基本法のフロンティア』晃洋書房、2010年。
6）伊藤良高・伊藤美佳子前掲書、62頁。
7）参照：伊藤良高「子ども・若者政策の理念と展開」、伊藤良高・永野典詞・大津尚志・
　中谷彪編『子ども・若者政策のフロンティア』晃洋書房、2012年。
8）中谷彪「「子どもの幸福」と権利保障」、伊藤良高・中谷彪編『子ども家庭福祉のフロ
　ンティア』晃洋書房、2008年、6頁。

参 考 文 献

伊藤良高『増補版　幼児教育行政学』晃洋書房、2018年。
伊藤良高編著『第2版　教育と福祉の課題』晃洋書房、2017年。
――――『教育と福祉の基本問題――人間と社会の明日を展望する――』晃洋書房、2018
　年。
伊藤良高・大津尚志・香﨑智郁代・橋本一雄編『保育者・教師のフロンティア』晃洋書房、
　2019年。
伊藤良高・大津尚志・橋本一雄・荒井英治郎編『新版　教育と法のフロンティア』晃洋書
　房、2020年。
伊藤良高・宮﨑由紀子・香﨑智郁代・橋本一雄編『保育・幼児教育のフロンティア』晃洋
　書房、2018年。
日本保育ソーシャルワーク学会編『改訂版　保育ソーシャルワークの世界――理論と実践
　――』晃洋書房、2018年。

第2章
子ども家庭福祉の成立と展開

はじめに

　近年、少子高齢化や核家族化、女性の社会進出の増加、子どもの貧困など、子どもと子育て家庭をめぐる社会環境は大きく変化している中で、子どもを中心にとらえながらも、子育て家庭を社会全体で支援していくことは重要であり、そのための施策の充実が求められている。

　本章では、世界の中でも先進的に子どもの人格に目を向けてきたと言われるイギリスにおける児童福祉の歴史と戦後の日本における「児童福祉法」が誕生するまでの歴史を明らかにした上で、子ども家庭福祉の成立と今後の展開について論じていきたい。

1　児童福祉の歴史

1　イギリスにおける児童福祉の歴史

　イギリスでは、1601年にエリザベス救貧法が制定され、保護の対象は、労働能力のある貧民、労働能力のない貧民、扶養が保障されない児童の3つに分類され、児童が一般の貧民とは別の枠組みで保護の対象とされた。しかしながら、保護された児童の環境は劣悪で、過酷な労働のために亡くなることも多かった。その後、1834年に救貧法は大きく改正され、児童のみを収容する労役場学校が創られた。

　1908年には、児童法が制定され、児童の保護と非行少年への処遇等について規定された。また、1926年には養子法、1933年には児童青少年法など、児童に関する法律が次々に制定された。

　1948年には、救貧法が廃止され、新たな児童法が制定された。この背景には、カーティス委員会の活動があったとされている。カーティス委員会の報告書で

は、多数の児童が公的扶助施設（救貧院）に収容されており、みじめな状態にあったこと、篤志団体の養護施設は、個人差があるにしても全国の児童施設の一般水準よりは良く、家庭を失った児童たちを保護しようという、創設者たちの真剣な意図が見られたこと、里親にひきとられている児童は、施設の児童たちよりも幸福であり、愛情をうけ、家族の一員であることを自覚していることを指摘しており、「児童の養育は家庭を重視すること」を提言している。

その後、1963年の児童法では、児童は親と暮らすのが最善であるという考えの下、自宅で児童を育てられるような経済支援を開始した。

2 戦後の日本における児童福祉の歴史
————児童福祉法の誕生————

戦後の貧しい生活の中、児童を取り巻く環境も大きく変化し、中でも孤児や浮浪児の問題は深刻であった。1945年9月には「戦災孤児等保護対策要綱」が出され、翌1946年4月には「浮浪児其の他の児童保護等の応急措置実施に関する件」が出されたことからも、当時の日本における浮浪児問題の深刻さが窺える。実際、1947年の厚生省児童局の調査によれば、「両親を失った18歳未満の児童」は全国で12万人を超えたと言われている。

また、浮浪児の問題に加え、戦争で夫を亡くした母子世帯の問題、妊産婦や乳幼児の栄養不足、それに伴う乳幼児の死亡率の高さの問題も深刻であった。

このように、戦後、浮浪児の対策として児童の保護は始まったが、1947年1月に、要保護児童の保護だけを目的とするのではなく全児童の問題を盛り込むべきとの考えから、それまでの「児童保護」から「児童福祉」へと変更された。

その後、1947年12月、すべての児童を対象とし、次代の社会の担い手である子どもの健全な育成、福祉の積極的増進を基本的精神とした「児童福祉法」が成立した（表2-1）。

2 児童福祉から子ども家庭福祉へ

1 「たくましい子供・明るい家庭・活力と優しさに満ちた地域社会をめざす21プラン研究会（子どもの未来21プラン研究会）」報告書

1993年、厚生省（当時）の児童家庭局長の私的懇談会で、21世紀の日本の子ども家庭施策について検討した「たくましい子ども・明るい家庭・活力とやさ

表 2 - 1　戦後、児童福祉法成立までの児童福祉行政関連の歴史

1945年	9月20日	次官会議において、「戦災孤児保護対策要綱」決定
	12月15日	戦災引揚孤児援護要綱、閣議決定
	12月15日	生活困窮者緊急生活援護要綱、閣議決定
1946年	4月15日	浮浪児其の他の児童保護等の応急措置実施に関する件（厚生省社会局長通牒）浮浪児の発見と保護、児童保護相談所の設置を奨励
	9月19日	主要地方浮浪児等保護要綱を7大都府県知事（東京・神奈川・愛知・京都・大阪・兵庫・福岡）に通知（一斉発見、収容保護所の設置）
	11月4日	児童保護法（仮）案
	11月30日	児童保護法案要綱案
	12月11日	厚生大臣、児童保護事業を徹底強化することの具体策について中央社会事業委員会に諮問（児童保護法要綱添付）
1947年	1月25日	中央社会事業委員会、厚生大臣に「児童福祉法要綱案」を答申
	2月1日	大阪府、浮浪者および浮浪児の一時保護所として「阿倍野厚生園」開設。児童教育鑑別所を付設。翌年4月、府中央児童相談所と改称
	3月19日	厚生省に「児童ノ福祉ヲ保障スル」事務を掌る児童局を設置（企画課、養護課、母子衛生課の3課）
	8月5日	児童福祉法案、閣議決定
	8月11日	児童福祉法案、国会へ提案。以後審議が開始される
	12月12日	児童福祉法公布（1948年1月1日一部施行、4月1日全面施行）

出典：子どもの虹情報研修センター編集「児童相談所のあり方に関する研究——児童相談所に関する歴史年表
　　　——」2013年、3・5頁を一部加筆・修正。

しさに満ちた地域社会をめざす21プラン研究会報告書」が公開された。報告書
では、児童家庭福祉の基本理念として、「従来の『児童福祉』は、要保護児童、
母子家庭等に対する対策を中心に出発した経緯もあって、主として家庭の育成
機能を代替する二次的な施策を中心として実施されてきた。しかし今日、一般
の児童、家庭においても種々の問題を抱えるようになってきているので、今後
の児童家庭施策は、従来のような特定の児童・家庭のみを対象とするのではな
く、すべての子供の健全育成を対象とすると同時に、子供の生活の基盤である
家庭やそれを取り巻く地域社会をも視野に入れて対応していく必要がある」「子
供が将来の社会を担う存在であることや家庭や地域社会における育児機能の低
下を考えると、子育てに関しては、保護者（家庭）を中心としつつも、家庭の
みに任せることなく、国や地方公共団体をはじめとする社会全体で責任を持っ

て支援していくこと、言い換えれば、家庭と社会のパートナーシップのもとに子育てを行っていくという視点が重要である」と述べている。[3]

このように、これからの「子ども家庭福祉」としては、これまでの保護が必要な一部の子どもを対象とするのではなく、「すべての子どもが対象」であり、子どもが育つ家庭と切り離した考えだったものが、「家庭だけでなく地域などの社会全体が責任を持つ」施策が行われる必要があると考えられる。

2 「ウェルフェア」から「ウェルビーイング」へ

高橋重宏は、伝統的な「児童福祉」と新たな「子ども家庭福祉」について**表2-2**のようにまとめている。

特に、この表で着目したい点の1つが、「ウェルフェア（救貧的・慈恵的・恩恵的歴史を有し、最低生活保障としての事後処理的、補完的、代替的な児童福祉）」から「ウェルビーイング（人権の尊重・自己実現・子どもの権利擁護の視点からの予防・促進・啓発・教育、問題の重度化・深刻化を防ぐ支援的・協働的プログラムの重視）」へ理念の転換である。つまり、子ども家庭福祉では、何か問題が生じたらどう対応していくかを考えるという事後的な対策ではなく、現状をより良くしていくためにはどういう対策を行うべきかを考えることが求められる。

3　子ども家庭福祉の展開

2016年に児童福祉法が改正され、同法第1条は「全て児童は、児童の権利に関する条約の精神にのっとり、適切に養育されること、その生活を保障されること、愛され、保護されること、その心身の健やかな成長及び発達並びにその自立が図られることその他の福祉を等しく保障される権利を有する」と改められた。この第1条は、1947年の児童福祉法制定以降、初めて見直され、児童が権利の主体であることを同法の理念として明確にしたと言える。しかし、2019年に出された国連子どもの権利委員会による日本の児童の権利に関する条約の[4] 進捗状況報告に対する統括所見では、「差別の禁止、子どもの意見の尊重、体罰、[5] 家庭環境を奪われた子ども、リプロダクティブヘルスおよび精神保健、少年司[6] 法」に対し、取り組みが不十分であるとし、改善勧告がなされている。児童の権利に関する条約は1994年に日本が批准して既に25年が経過している。それにも関わらず、多くの課題が指摘されており、早急に改善することが求められて

表2-2 伝統的な「児童福祉」と新たな「子ども家庭福祉」

項　目	児　童　福　祉	子ども家庭福祉
理　念	ウェルフェア 児童の保護	ウェルビーイング（人権の尊重・自己実現） 　子どもの最善の利益 　自己見解表明権 自立支援 　エンパワーメント 　ノーマライゼーション
子ども観	私物的我が子観	社会的我が子観
対　象	児童	子ども、子育て家庭（環境）
サービス提供の スタンス	供給サイド中心	自立支援サービス 利用者サイドの権利の尊重
モデル	Illness model	Wellness model
性格・特徴	救貧的・慈善的・恩恵的（最低生活保障）	権利保障（市民権の保障）
	補完的・代替的	補完的・代替的　支援的・協働的（パートナー）
	事後処理的	予防・促進・啓発・教育 （重度化・深刻化を防ぐ）
	行政処分・措置	行政処分・措置（個人の権利保障を担保） 利用契約
	施設入所中心	施設入所・通所・在宅サービスのコンビネーション ケースマネジメントの導入 セイフティ・ネットワーク（安全網）
職　員	児童福祉司・心理判定員・児童指導員・教護・教母・保育士・児童厚生員・母子相談員・家庭相談員	児童福祉司・心理判定員・児童指導員・児童自立支援専門員・児童生活支援員・保育士・児童の遊びを指導する者・母子相談員、家庭相談員・医師・弁護士・保健師・助産師・看護師・教師などの多領域の専門職の連携 民生委員児童委員・主任児童委員・メンタルフレンドなど
費　用	無料・応能負担	無料・応能負担・応益性の強まり
対　応	相談が中心	相談・トリートメント・家族療法等
権利擁護	消極的	積極的 子どもの権利擁護サービス 　　（救済・代弁・調整） ・子どもの権利・義務ノート等の配布 ・ケア基準のガイドライン化 ・子どもの虐待防止の手引き

出典：高橋重宏編『子ども家庭福祉論』放送大学教育振興会、1998年、13頁を一部修正。

いる。子どもが育つ権利を保障するためには、現に養育を行っている家族、または、その他の養育者を支援し、子どもの自立を保障するために継続的な支援が必要である。

　社会保障審議会児童部会児童虐待防止対策のあり方に関する専門委員会の報告書（2015年）では、子どもや家庭をとりまく環境は、その時々の社会状況に大きく影響を受けるとしながらも、子どもの福祉を進めるに当たっての理念として、「全ての子どもは適切な養育を受けて発達が保障される権利を有するとともに、その自立が保障されるべきである」としている。いかなる状況でも、子どもが育つことを保障する社会が不可欠であり、そのためにも、これからの子ども家庭福祉は子どもが生活する地域の中で様々な社会資源と支援の拠点を大いに活用し、展開していく必要がある。それと同時に、子どもが権利の主体であるとする児童福祉法の理念に基づき、子どもが声を上げ、自らの権利を行使できる社会であることが望まれる。

おわりに

　1951年に宣言された児童憲章では、「児童は、人として尊ばれる。児童は、社会の一員として重んぜられる。児童は、よい環境のなかで育てられる」と謳われているように、児童憲章では、子どもの受動的な権利について規定されている。一方で、児童の権利に関する条約では、子どもは権利行使の主体であること、子どもの最善の利益を考慮することが定められている。

　前述したとおり、要保護児童の保護の観点からスタートした児童福祉は、社会の変化に伴い、すべての子どもを対象とする子ども家庭福祉へと転換が求められている。子どもの人権を最優先に考え、それにかかわる家庭、さらには地域を様々なサービスを用いて支援し、子ども自身の手によって「最善の利益」が実現されていくことが必要である。

　すべての子ども達の健全な育成を図ることは、子ども達が成長し、将来明るい家庭を築きあげることにつながっていくに違いない。そのためにも、子ども家庭福祉の今後のさらなる展開が期待される。

演習問題

1．児童福祉の歴史についてまとめてみよう。
2．児童福祉と子ども家庭福祉の理念について考えてみよう。
3．これからの子ども家庭福祉の課題について議論してみよう。

注

1）木村利人「イギリスにおける児童の福祉と司法の機能についての一考察——1948年児童法をめぐって——」『早稲田法学会誌』法律編　13、1962年、199-200頁。

2）厚生省児童局「日本における児童福祉事業の概要」1950年。

3）たくましい子供・明るい家庭・活力とやさしさに満ちた地域社会をめざす21プラン研究会（子どもの未来21プラン研究会）『「たくましい子供・明るい家庭・活力と優しさに満ちた地域社会をめざす21プラン研究会（子どもの未来21プラン研究会）」報告書』1993年5月。

4）国連子どもの権利委員会は、締約国による子どもの権利に関する条約の実施を監視する独立した専門家の団体である。日本が児童の権利に関する条約に締結した1994年以降、1998年、2004年、2010年に実施状況の審査が行われており、今回は4回目の審査だった。

5）「児童の権利に関する条約」は、世界の多くの児童（児童については18歳未満のすべての者と定義）が、今日なお、飢え、貧困等の困難な状況に置かれている状況にかんがみ、世界的な観点から児童の人権の尊重、保護の促進を目指したものである。本条約の発効を契機として、更に一層、児童生徒の基本的人権に十分配慮し、1人1人を大切にした教育が行われることが求められている。

6）リプロダクティブヘルスとは、人間の生殖システムおよびその機能と活動過程のすべての側面において、単に疾病、障害がないというばかりでなく、身体的、精神的、社会的に完全に良好な状態にあることを指す。1994年、カイロ国際人口開発会議行動計画において合意されている。

参 考 文 献

伊藤良高・中谷彪編『子ども家庭福祉のフロンティア』晃洋書房、2008年。

伊藤良高・永野典詞・大津尚志・中谷彪編『子ども・若者政策のフロンティア』晃洋書房、2012年。

柏女霊峰『子ども家庭福祉・保育の幕開け　緊急提言　平成期の改革はどうあるべきか』誠信書房、2011年。

柏女霊峰『子ども家庭福祉論　第3版』誠信書房、2013年。

山縣文治編『よくわかる　子ども家庭福祉　第9版』ミネルヴァ書房、2014年。

第3章 家庭における子育てと子ども家庭福祉

はじめに

　現代の子育て家庭を取り巻く状況は厳しい。近年の家族形態の多様化と地域共同体の衰退等を背景に、児童虐待の増加、保育所や学童保育における待機児童の増加、子どもの貧困といった子育て家庭をめぐる問題は大きくクローズアップされてきている。そのようななかにあって、日本では「子どもと子育て家庭のウェルビーイング」を社会全体で促進させていく必要性が叫ばれ、その実現を目的とした様々な支援が展開されてきた。近年では、2015年発表の経済財政政策において、働き方改革・両立支援とともに総合的子育て支援として、「すべての子どもと子育てをきめ細やかに支援する社会的基盤の構築」が目標として提示され、取り組みを推進してきている。本章では、家庭における子育てとその支援のあり方について、これまでの政策動向を概観した上で今後の課題と展望を論じていきたい。

1　家庭における子育ての現状と問題点

　元来、子育てとは親だけでなく地縁や血縁を基盤とする地域共同体の多くの人が関わるものであった。日本でもかつては共同の子育てとして「仮親」という風習が各地で見受けられ、地域共同体の様々な人が控えの親として「仮親」の役を引き受けたという。しかし、近年の都市化や核家族化の進展とともに、その様相は大きく変容しつつある。例えば、子育てをする人にとっての地域の重要性を尋ねた内閣府の調査によると、約9割が「重要だと思う」(「とても重要だと思う」「やや重要だと思う」の計)と回答している一方で、近所に生活面で協力し合う人の数を尋ねた別の調査では、約7割の人が「誰もいない」と回答しており、その重要性を認知していながらも現実的には、つながりが希薄化して

いる様子が窺える。この地域共同体の希薄化は家庭における子育てにも大きな影響を与えている。なかでも深刻なものとして育児の孤立化が挙げられよう。すなわち、1980年代から相次いで発表された母親の育児不安研究に代表される[3]ように、どうやって子どもを育てたらよいかわからない、子どもに対してイライラするといった育児に対する不安感や負担感を抱きながらも、相談相手がいないまま１人悩む母親の存在が指摘され始めたのである。

　３歳未満の乳幼児がいる家庭の約７割の母親が在宅で子育てに専念している状況にあるなか、2017年１月の家庭教育支援の推進方策に関する検討委員会による「家庭教育支援の具体的な推進方策について」では、「核家族化や地域社会のつながりの希薄化等を背景として、子育ての悩みや不安を抱えたまま保護者が孤立してしまうなど、家庭教育が困難な現状」があることが示され、「経験の少ない親にとっては、自らの悩みや不安について、具体的にはどのようなことに悩んでいるのかはっきりしないことも多く、そもそも悩んでいること自体十分に自覚できない場合もある」ことが指摘されている[4]。さらに、2013年の厚生労働省による「子ども虐待対応の手引き」では、「地域社会からの孤立や人的なサポートの希薄さ[5]」が児童虐待につながる要因となり得るとして示されるなど、育児の孤立化は解決されるべき課題として挙げられている。

　また、育児の孤立化の背景には父親の育児参加が乏しいという現状も見受けられる。日本では、1960年代の高度経済成長の推進とともに高まってきた「男は仕事、女は家庭」という性別役割分業のなかで、子育ては母親１人が担当するようになった。そのようななか、1999年には当時の厚生省により「育児をしない男を、父とは呼ばない」というポスターが作られ、2007年には内閣府により「仕事と生活の調和（ワークライフバランス）憲章」が示されるなど男性の育児参加の必要性が示されるようになってきたものの、実際には父親の育児参加はさほど進んでいない状況にある。例えば、総務省の社会生活基本調査(2016年)によれば、６歳未満児のいる世帯における１日の家事・育児関連時間は、夫は１時間23分(うち育児時間は49分)である一方、妻は７時間34分(うち育児時間は3時間45分)となっている[6]。また、父親の育児休業取得に関しては全体の3.16%[7]にとどまっており、微増しているものの諸外国と比較すると、その割合は低く、家事・育児は主に女性が担っている現状が窺える。

　近年の少子化の流れを受け、自らが少子社会のなかで育ってきた現在の母親世代にあっては妊娠・出産前に子どもと触れ合う機会も少なく、子育ての準備

体験ができないという状況がある。こうした現状認識に立って、子どもの健や
かな育ちと子育てしやすい社会の形成に向けた支援に取り組んでいくことが求
められている。

2 家庭における子育てに関する施策と動向

　ここでは、家庭における子育てへの支援に関する政策動向についてみていき
たい。「家庭における子育てへの支援」が初めて謳われたのは、1994年に策定
された「今後の子育て支援のための施策の基本的方向について」（エンゼルプラン）
においてである。エンゼルプランでは、「安心して出産育児ができる環境整備」
「家庭における子育てを支援する社会システムの構築」「子育て支援における子
どもの利益の最大限の尊重」が基本的視点として掲げられ、具体的には翌1995
年に策定された「当面の緊急保育対策等を推進するための基本的考え方」（緊
急保育対策等5か年事業）において、低年齢児保育や延長保育に代表される保育
所保育の充実、放課後児童クラブの促進といった「仕事と子育ての両立支援」
と共に、地域子育て支援センターの設置等、子育てを地域で支援していく体制
整備が目指されたのである。その後、1999年には保育、雇用、教育、住宅など
総合的・計画的に整備を行うための施策として、「重点的に推進すべき少子化
対策の具体的実施計画について」（新エンゼルプラン）が策定され、それを受けて
様々な保育サービスを実施する保育所が増加していくこととなった。しかしこ
れらの背景には1990年の「1.57ショック」による出生率の低下と子どもの数が
減少傾向にあることへの危機感があったことから、その力点はあくまで人口政
策・労働人口政策に置かれており、この時点での家庭における子育て支援とは
一般家庭の子育てと労働の両立を支援するという言わば限定的な支援であった
といえよう。

　一方で、これまで見過ごされがちであった専業主婦家庭の問題も注目され始
める。有職の母親より専業主婦の母親のほうが育児不安が高いという指摘や児
童虐待の増加、歯止めのかからない少子化の流れを受け、2003年には「次世代
育成支援対策推進法」「少子化社会対策基本法」「児童福祉法の一部を改正する
法律」と子育てをする家庭全体からの視点を加えた法律が続々と制定されたの
である。なかでも、「次世代育成支援対策推進法」では、「父母その他の保護者
が子育てについての第一義的責任を有するという基本的認識の下に、家庭その

他の場において、子育ての意義についての理解が深められ、かつ、子育てに伴う喜びが実感されるように配慮して行われなければならない」とされ、これまでの保育政策中心の対策から次世代を担う子どもを育成する家庭を社会全体で支援する住民自治の支援への転換とまで評されたのである[8]。

　この子育て支援施策の転換を受け、2004年には「少子化社会対策大綱」が閣議決定され、その具体的実施計画として若者の自立や働き方の見直しまで幅広く、すべての子どもと子育てを大切にするための取り組みである「少子化社会対策大綱に基づく重点施策の具体的実施計画について」（子ども・子育て応援プラン）が策定された。子ども・子育て応援プランでは、4つの重点課題である「若者の自立とたくましい子どもの育ち」「仕事と家庭の両立支援と働き方の見直し」「生命の大切さ、家庭の役割等についての理解」「子育ての新たな支え合いと連帯」が打ち出された。特に、「子育ての新たな支え合いと連帯」では、待機児童ゼロ作戦とともに、身近な地域でのきめ細やかな子育て支援の取り組みである地域の子育て支援拠点づくりや児童虐待等、特に支援を必要とする子どもとその家庭に対する支援である児童虐待防止ネットワークの設置、小児救急医療体制の整備等を含めたすべての子どもと子育てを大切にする取り組みを推進するものであった。しかし、同プランの評価を求めた内閣府による利用者意向調査（2009年3月）をみると全体的に厳しい結果となっており、なかでも「仕事と家庭の両立支援と働き方の見直し」、「妊娠・出産の支援体制、周産期医療体制を充実する取組」に対する低い評価が示され、目指すべき社会への道はまだ遠いことを示すものであった[9]。

　2010年には、「子育て家庭等への支援」に加え、保育サービス等の基盤整備も盛り込んだバランスのとれた子育て支援として、「子ども・子育てビジョン」が策定された。同ビジョンでは「子どもが主人公（チルドレン・ファースト）」「少子化対策から子ども・子育て支援へ」「生活と仕事と子育ての調和」の3つを基本視点とし、各種の子育て支援施策が提起された。また2012年には「子ども・子育て支援法」「就学前の子どもに関する教育、保育等の総合的な提供の推進に関する法律の一部を改正する法律」「子ども・子育て支援法及び就学前の子どもに関する教育、保育等の総合的な提供の推進に関する法律の一部を改正する法律の施行に伴う関係法律の整備等に関する法律」のいわゆる子ども・子育て関連3法が制定され、2015年からは子ども・子育て支援新制度が実施されている。そのなかで幼児期の学校教育・保育、地域の子ども・子育て支援を総合

的に推進するという趣旨の下、「地域子ども・子育て支援事業」を法律上に位置付け、すべての家庭を対象に保護者が地域の子育て支援事業等を円滑に利用できるような利用者支援や相談、交流ができる地域子育て支援拠点事業、一時預かり等の子育て支援を、強化しつつある。そして、2016年には、一億総活躍社会の実現に向け「ニッポン一億総活躍プラン」を打ち出し、そのなかで働き方改革とともに子育て環境の整備、希望出生率1.8に向けた取り組みなどが図られているところである。

3　今、求められる子育て家庭への支援とは

　では、家庭における子育て支援において何が課題となっているのだろうか。ここでは2点指摘しておきたい。まず、1点目は孤立化した家庭への更なる支援のあり方を検討することである。これまで、児童相談所を中心に児童虐待等への対応といった問題発生後に対処する福祉が実施されてきた。その必要性はもちろんのこと、未然に問題を防ぐ予防的な福祉の実現は子どもと子育て家庭のウェルビーイングの保障につながるものであると考えられる。現状においても子育て家庭が孤立しないような支援として、子育て相談、交流の場の提供である地域子育て支援拠点事業や児童館の設置、生後4カ月までの乳児のいるすべての家庭を訪問し、親子の心身の状況や養育環境などの把握、助言を行い支援が必要な家庭に対しては適切なサービス提供につなげる乳児家庭全戸訪問事業（こんにちは赤ちゃん事業）、民生児童委員らによる個別訪問等が実施されている。こうした取り組みは、問題の発生予防や親子関係の調整といった点において重要であり意義のあるものであろう。しかし、孤立化した保護者にあっては自ら支援を求めることが少なくその現状が見えにくいという嫌いがある。またその他のアウトリーチ活動として特に支援が必要な家庭に対する養育支援訪問事業も実施されているが、その実施率は自治体により差が激しく4割にも満たない地域もみられ十分とは言えない状況にある。この取り組みをさらに推進していくとともに、行政だけでなく地域にある多様な主体がネットワークとして協働し、取り組んでいくことが求められよう。

　そして、2点目は訪問支援者の育成を推進していく必要性である。前述したように孤立化した家庭への働きかけとして様々な主体からの訪問活動が実施されている。しかし、家庭によっては訪問拒否等対応が困難な場合も報告されて

おり、対応の仕方が課題となっている。援助が必要な子どもであっても、保護者の同意なしには子どもへの支援は実施されにくいことから、訪問支援者には子どもの状況を的確に把握し、保護者に働きかけていく力が求められている。これまでにも訪問支援者の質を担保するための研修や訪問支援者を支援していく必要性については指摘されてきており、各自治体や団体において就任前研修や現任研修が提供されているケースもみられる。しかし、その内容や方法については「ほとんど開発されていない、また十分でないという指摘[11]」があり、今後の大きな検討課題である。また、個人情報保護の観点から訪問支援者が必要な情報を得られにくくなっている現状から、訪問支援者が訪問しやすい体制整備も必須であろう。

おわりに

　戦後の大きな社会構造の変化を受けて家庭における子育てのあり方も変貌を遂げてきた。しかし、いつの時代においても子どもと親がその人らしく生き、自分の存在を大切にしていくことの大事さに変わりはない。その後の人生や生活の基礎を培うことのできる社会を目指した地域子育て支援の充実が期待される。

| 演習問題 |
1．家庭における子育てについてどのような問題があるのかまとめてみよう。
2．家庭における子育てへの支援にはどのようなものがあるか調べてみよう。
3．すべての家庭における子育てを支援する際の課題について考えてみよう。

注
1）内閣府「家族と地域における子育てに関する意識調査」2014年3月。
2）内閣府「国民生活選好度調査」（2007年）。
3）例えば、牧野カツコ「乳幼児を持つ母親の生活と〈育児不安〉」『家庭教育研究所紀要』、
　　3、1982年、34-56頁、等がある。
4）家庭教育支援の推進方策に関する検討委員会「家庭教育支援の具体的な推進方策について」、2017年、1月。
5）厚生労働省雇用均等・児童家庭局総務課「第2章　虐待の発生を予防するために」『児童虐待対応の手引き（平成25年8月改正版）』2013年。

6）内閣府「共同参画」、2018年5月、3頁。

7）前掲注6）、4頁。

8）大豆生田啓友『支え合い、育ち合いの子育て支援』関東学院大学出版会、2006年、40頁。

9）内閣府「利用者意向調査」2009年3月。

10）平成24年度厚生労働科学研究費補助金（成育疾患克服等次世代育成基盤研究事業）「乳児家庭全戸訪問事業（こんにちは赤ちゃん事業）における訪問拒否等対応困難事例への支援体制に関する研究」、2013年3月。

11）木村容子「子育て家庭のための家庭訪問型ソーシャルワーク実践モデルの枠組みと構成要素：文献レビューから」『日本社会事業大学紀要』60、2014年、119頁。

12）元山彩織「乳児家庭全戸訪問事業における効果と課題」『中京学院大学看護学部紀要』、8（1）、2018年。

参 考 文 献

伊藤良高編著『教育と福祉の基本問題――人間と社会の明日を展望する――』、晃洋書房、2018年。

伊藤良高・大津尚志・香﨑智郁代・橋本一雄編『保育者・教師のフロンティア』、晃洋書房、2019年。

コラム1

▶子どもの人権と子どもの貧困

人権の理論的理解とこころに残る人権の考え方

　子どもの成長には、多くの人がかかわる。それゆえに、誰もが温度差のない鋭い人権感覚を求められ、人権の役割や内容・性質を理解しなければならない。

　私たちの人権は、日本国憲法により保障されている。日本国憲法は、自由と平等保障を基調にして、私たちの人権を守る役割をもつがゆえに、国家の最高法規（第98条）なのである。少し難しい話になるが、人権は、私たちの歴史のなかで、「個人の尊厳」を守る手段として誕生した。18世紀の近代市民革命を通して、自由権と平等権が形成され、19世紀後半の資本主義の矛盾としての無産階級の貧困救済のために20世紀に生存権が形成された。また、日本国憲法の人権規定には明文化されていないが、社会の変化のなかで新たな人権保障の必要性からプライバシー権などの「新しい人権」が裁判例を通して生まれてきた。このように人権は、私たちの「個人の尊厳」を保障する目的のため、歴史のなかでつくられた人類共通の財産なのである。子どもたち1人1人の「個人の尊厳」は、人類共通の財産である人権により守られているのである。

　ところで、私たちは、人権について分かったつもりでも、いざ子どもの人権尊重に直面すれば、どのように行動すればよいか戸惑うことが少なくない。そこで筆者は、人権を身近に理解してもらうために「ドラえもんの歌」（作詞：楠部工／補詞：ばばすすむ）を紹介している。この歌は、別段人権体系を意識した歌ではないが、憲法学の人権理論を踏まえた素晴らしい歌である。最初は、「こんなこといいな　できたらいいな　あんなゆめ　こんなゆめ　いっぱいあるけど」という、出だしである。各自が描く夢を社会のなかで最大限尊重することが、人権の中核概念「個人の尊厳」（憲法第13条）である。子どもの個人の尊厳を守るとは、すべての子どもの思いの実現（自己実現）を尊重することなのである。

　次に「みんなみんなみんな　かなえてくれる　ふしぎなポッケで　かなえてくれる」という歌詞が続く。私たちの願いをかなえてくれる不思議なポッケこそが人権なのである。すなわち、人権とは、私たち幸せの実現（自己実現）手段なのである。

　では、幸せとはなんだろうか。私たちは、子どもの幸せを具体的にイメージしなければならない。ドラえもんの歌では「そらをじゆうに　とびたいな」とある。私たちの幸せは無数にあるだろう。子どもたちの幸せも同様に限りないものである。しかし、無数の幸せについて、すべて共通なのは「なにごとにも邪魔される

ことなく自分の思いを実現すること」である。それこそが人権のなかで最も重要な自由権である。

　だが、自由を実現することは容易なことではない。重度の障害、疾病、生活困窮、虐待、差別・偏見など、社会のなかに私たちや子どもの自由を阻害する要因が無数に存在している。自由は素晴らしいものだが、実現は容易ではない。でも、なにがしかの手助けをすれば、自由を現実化し、幸せを達成することができる。ドラえもんは自由に空を飛べないのび太の願いを叶えるために、「ハイ！タケコプター」といってポケットから道具を取り出している。自由だけでは、私たちの個人の尊厳が保障されない場合、国家が支援すれば誰もが、自分の思い描く健康で最低限度の生活は実現できる。この役割を果たす人権が「生存権（憲法第25条）」である。子ども児童福祉は、生存権を具体化した制度である。

　子どもの人権を尊重するとは、子ども本来の自由と自己決定を尊重しつつ、それができない者へは本来の自由が享受できるように福祉制度や援助技術を用いて合理的配慮を払い、エンパワメントを引き出す支援を行うことなのである（JASRC出　1500167-501）。

子どもの権利条約

　日本社会のなかで、子どもの人権は日本国憲法により保障されている。一方、国際社会においては、国連人権規約がその役割を果たしてきた。しかし、子どもは社会的に弱い立場にあり、成長過程において、大人とは違った特段の配慮が必要である。そこで、子どもの成長にふさわしい人権保障を全世界に啓発するために、子どもの権利条約（児童の権利に関する条約）が1990年に発効した。この条約は、18歳未満のすべての者を対象として、子ども目線から誕生から成長に至る発展過程において必要な特別の支援について規定している。日本は、1994年に批准した。

　子どもの権利条約は、大きく4つの視点から人権保障を啓発している。第1は「生きる権利」である。防げる病気などで命を落とさないことや病気やけがをしたら治療を受けられることが規定されている。子どもは病気やけがに対する抵抗力が弱いため、健康に対して国や社会が特段の配慮をしなければならない。日本においては、生存権を具体化した児童福祉の一層の充実が求められる。第2は「守られる権利」である。歴史を振り返れば、子どもは虐待や低賃金労働の犠牲になることが少なくなかった。この反省から子どもを守ることが明確化されたのである。第3は「育つ権利」である。子どもの健全な成長にとって、教育は不可欠で

ある。それゆえ、子どもがいかなる社会環境におかれても平等な質の高い教育の提供が求められる。第４は「参加する権利」である。子どもにとって、自己実現のためには自由に意見を述べ、様々な社会活動に参加する機会の保障が必要である。しかし、子どもたちは、身体的および社会的な制約から表現の自由を十分に活用できない。このことから、私たちは、子どもが自由に自分の思いを表現したり、自由に社会参加したりする環境づくりに配慮しなければならない。また、障害などにより十分に自分の思いを表現できない子どもに対しては、合理的配慮を払わなければならない。

子どもの貧困原因と対策

　内閣府による「2017年度子どもの貧困の状況と子どもの貧困対策実施状況」によれば、子ども（18歳未満）の貧困率は13.9％であり、約７人に１人が貧困状態にある。貧困は、世帯を単位として現れる現象なので、親の経済的な状況が子どもの貧困となって現出する。

　子どもの貧困の原因の１つに、母子世帯の生活困窮が挙げられる。厚生労働省「平成28年度ひとり親世帯等調査」によれば、母子世帯は123.8万世帯である。母子世帯の年収は平均243万円に対し、父子世帯では420万円である。母子世帯は、父子世帯の約58％の収入でしかない。この数字から明白なように、子どもの貧困を防止するためには、女性の労働環境の整備が必要である。具体的には、ひとり親世帯の就業支援、就労機会の確保、親の学び直し支援、資格取得支援などである。

　子どもの貧困は、世代間で連鎖するといわれている。また、子どもの貧困は社会的な損失である。それゆえに、多方面からの支援を社会全体で考えなければならない。第１は、教育支援である。教育は、子どもの豊かな人生にとって不可欠である。幼児期から高等教育の段階まで、すべての子どもが質の高い教育を受ける支援体制の構築が必要である。第２は、直面する生活困窮への支援である。具体的には、児童扶養手当の充実や母子父子寡婦福祉資金の貸付など、経済的支援の充実が求められる。第３は、地域連携である。現代社会においては、地域の絆が希薄になっている。その結果、ネグレクト状態にある子どもが社会から隔絶し、貧困のスパイラルに陥るケースが数多くみられる。地域の社会資源が連携をとりながら、子どもの包括的な日常生活支援を考えなければならない。

コラム2

▶母子保健の現状と課題

　妊産婦・乳幼児等への法による支援としては、児童福祉法により適切に養育される子どもの主体的権利を守るための子育て支援事業、母子保健法により母性ならびに乳幼児及び幼児の健康の保持及び増進を図る目的による母子保健事業、子ども・子育て支援法にて子ども・子育て支援給付金による利用者支援事業がある。

　各事業を実施する主体には、国、県、地区町村、保健所等様々な多くの関係機関がある。そのため、制度や対象年齢が異なると、情報を把握しながら支援が次の制度や機関へうまくつながらないなどの課題が見られた。

児童福祉法の改正

　子どもの虐待による死亡事例等の検証結果等について（第15次報告）の概要によると、2017年4月1日から2018年3月31日までの間に発生し、又は表面化した子ども虐待による死亡事例は58例（65人）になる。数値的には、第5次報告（2007年度）の114例（142人）を最大に減少しているが、尊い命が失われている。また、死亡した0歳時は第15次報告では28人（53.8%）に上り、その主たる加害者は実母の22例に25人（48.1%）となっている。児童相談所の相談件数は、15万9850件（2019年8月1日子ども家庭局家庭福祉課速報値）と世の中の関心事の上昇もあるが最大値となった。

　児童福祉法が2016年に改正された。この改正では、改正のポイントの1つに、児童虐待のリスクを早期に発見予防することがある。つまり、肉体的にも精神的にも不安定になりやすい妊娠期から子育て期までの切れ目ない支援等を行うことが大切であることが認識された。それに伴い、母子保健法第22条3項にて児童福祉法第21条の11第1項の情報の収集及び提供、相談ならびに助言並びに同条第2項のあっせん、調整及び要請と一体的に行うように努めなければならないとされた。すなわち、妊産婦・乳幼児における支援については、児童福祉法と母子保健法が両輪となって関わることになり、「子育て世代包括支援センター」母子保健法上は「母子健康包括支援センター」が法定化された。

子育て世代包括支援センター（母子保健法上は、母子健康包括支援センター）の概要

　子育て世代包括支援センター（以下、支援センター）の経緯については、2014年度「妊娠・出産包括支援モデル事業」として29市町村にて実施され、同年12月

27日「まち・ひと・しごと創生総合戦略」にて「子育て世代包括支援センター」を緊急的取組として50箇所、2015年度中に150箇所を整備し、5年後までに全国展開を目指した。その後、2015年3月20日の「少子化社会対策大綱」により、産休中の負担軽減や産後のケアの充実を目指し、切れ目のない支援体制を構築するために、「子育て世代包括支援センター」を整備した。2016年5月27日には、児童福祉法等の一部を改正する法律案が成立し、母子保健法の第22条の改正が行われ、新たに妊娠希から子育て期にわたる切れ目のない支援として「子育て世代包括支援センター」が規定され、母子保健法では、「母子健康包括支援センター」とされ2017年4月1日より市区町村は設置を努めなければならないとして運営されている。「ニッポン一億総活躍プラン」（2017年4月1日閣議決定）に基づき、2020年度末までの全国展開を目指している。

　事業内容としては、「子育て世代包括支援センターの設置運営について（通知）」（雇児発0331第5号、2017年3月31日、厚生労働省雇用均等・児童家庭局長通知）により、（1）妊産婦及び乳幼児等の健康の保持及び増進に関する支援に必要な実情を把握すること、（2）妊産婦・出産・育児に関する各種相談に応じ、必要な情報提供・助言・保健指導を行うこと、（3）保健師等が、妊娠・出産・産後・子育て期間を通じて、必要に応じ、個別の妊産婦等を対象とした支援プランを策定すること。（4）保健医療又は福祉の関係機関との連絡調整を行うことである。以上4項目については、必須事業内容と規定されている。

　また、地域の実情に応じて、（5）母子保健事業（6）子育て支援事業が実施される。

　対象者は、妊産婦及び乳幼児並びにその保護者を対象とするが、地域の実情に応じて、18歳までのこどもとその保護者も対象としている。

　担当職員としては、保健師等を1名以上配置することを要件としている。担当職員としてソーシャルワーカー（社会福祉士等）のみを配置する場合には、近隣の市長村保健センター等の保健師、助産師又は看護師との連携体制を確保することが必要である。保健師に加え、利用者支援専門員を1名以上配置することが求められているが、保健師等が兼務することができる。

　母子保健法の改正時の支援センター実施状況は、525市区町村1106箇所（2017年4月1日時点）である。983市区町村で1717箇所（2019年4月1日時点、厚生労働省母子保健課）と、実施市区町村は、1.9倍近く、設置個所は、1.6倍近くの伸びがある。支援センターは2020年度末までに全国展開を目指すが、各市区町村が実情に応じて必要な個所数や管轄区域を判断して設置することとなっている。

　支援センターの運営主体は、市区町村の直営が1661箇所（96.7％）と多く、Ｎ
ＰＯ法人21箇所、社会福祉法人13箇所、株式会社８箇所となっている。実施場所
としては、保健所・市町村保健センターが921箇所（53.6％）、市役所・町役場・
村役場506箇所（29.5％）、地域子育て支援拠点154箇所（9.0％）となり運営主体が
市区町村の直営と呼応している。また、利用者支援事業では、母子保健型が1000
箇所（58.2％）、基本型が200箇所（11.6％）と多い。（2019年４月１日時点、厚生労
働省母子保健課）

　課題

　妊娠から子育てまでの切れ目のない支援として、支援センターの役割が期待さ
れているが、４つ課題を述べておく。

　１つ目は、支援センターと市区町村子ども家庭総合支援拠点（以下、支援拠点）
との連携である。支援拠点は、管内に所属するすべての子どもとその家庭及び妊
産婦等を対象とし、その福祉に関し必要な支援に係る業務を行い特に要支援児童
及び要保護児童等への支援業務の強化を図ることを目的としている。支援拠点
は、特定妊婦等を対象とした相談業務を行っているため支援センターとの母子保
健施策との連携を確保することが大切となる。

　２つ目は、関連機関への連携の軸となる職員の養成である。支援センターと支
援拠点は同一機関であることが望ましいと思う。支援センターは、母子保健事業
を基軸とした保健師等が重要な職員である。また、支援拠点は、小規模型、中規
模型、大規模型とあるが、子ども家庭支援員、心理担当支援員、虐待対応専門員
は専門職員の配置であり、保健（医療）、福祉、心理からのアプローチを行って
いる。２つの施設以外にも、児童相談所、警察、医療機関、学校等の関連機関も
多く、調整をする職員の養成が必要である。

　３つ目は、啓発活動である。前述したように、法的な必要数が明示されていな
い。また市区町村を超えて広域での設置も可能なため、本来妊産婦の身近な存在
である支援センターが距離的にも遠方にある可能性がある。特に、母子保健事業
を実施しない支援センターでは、支援を必要とする妊産婦・乳児との直接的な接
触の機会も少なくなる。そのため支援センターに繋げる身近な存在の保育者や、
ＳＮＳ等により利用に対しての情報発信の方法に工夫が求められる。

　４つ目は、支援センターが収集した情報の他関係機関との共有化である。実施
主体が市区町村であるため、同一地区での情報の共有化と同時に、転居にともな
い他の市区町村への情報を引き継ぐことも大切であると考える。

参 考 文 献

厚生労働省「児童福祉法等の一部を改正する法律（平成28年度法律第63号）の円滑な施行に向けて」。

https://www.mhlw.go.jp/file/06-Seisakujouhou-11900000-Koyoukintoujidouka teikyoku/0000174770.pdf　最終確認2019年11月18日。

厚生労働省「子育て世代包括支援センター業務ガイドライン」2017年、8月。

https://www.mhlw.go.jp/file/06-Seisakujouhou-11900000-Koyoukintoujidou kateikyoku/kosodatesedaigaidorain.pdf　最終確認2019年11月18日。

松嶋弥生「Ａ県内の市町村における『切れ目ない妊娠・出産支援』に関する事業の現状」『群馬県立県民健康科学大学紀要』第13巻、31-44頁、2018年。

第4章
子ども・子育て支援新制度と就学前の子どもの
教育、保育、地域の子ども・子育て支援

はじめに

　2018年6月に策定された「（第3期）教育振興基本計画」は、「近年、幼児期の教育がその後の学力や運動能力に与える影響や、大人になってからの生活への影響に関する研究が進展しており、幼稚園や保育所、認定こども園の区分や設置主体の違いに関わらず、全ての子供が健やかに成長できるよう、幼児期から質の高い教育を提供することの重要性が高まっている」と述べている。このように、近年の日本において、かつてないほど幼児期の教育（以下、「幼児教育」という）に対する社会的な関心が高まってきているが、国及び地方公共団体レベルでは、子ども・子育て支援新制度の施行（2015年4月）や幼児教育・保育の無償化（2019年10月）など、幼児教育の振興に係る施策が積極的に展開されつつある。

　本章では、こうした状況を踏まえながら、子ども・子育て支援新制度と就学前の子どもの教育、保育、地域の子ども・子育て支援をめぐる動向と課題について検討することにしたい。具体的には、まず、近年における子ども・子育て支援施策の展開と子ども・子育て支援新制度について概説する。次いで、同制度の下での就学前の子どもの教育、保育、地域の子ども・子育て支援の現況についてデータに基づきながら明らかにする。そして、最後に、就学前の子どもの教育、保育、地域の子ども・子育て支援をめぐる課題について提起しておきたい。

1　子ども・子育て支援施策の展開と子ども・子育て支援新制度

　日本において、「子ども・子育て支援」が公的なスローガンとなり、それを標榜する様々な施策が展開されて久しい。周知のように、その直接的な端緒は、

1989年の「1.57ショック」を契機に、政府が少子化対策として策定した「エンゼルプラン」(1994年12月)にある。同プランは、「子育て支援」を前面に押し出し、仕事と子育ての両立支援など子どもを生み育てやすい環境づくりに向けて、具体的には、保育の量的拡大や低年齢児（0 〜 2歳）保育、延長保育など多様な保育の充実や地域子育て支援センターの整備などの施策を提示した。以降、これに引き続く主な動きとして、「新エンゼルプラン」(1999年12月）の策定や次世代育成支援対策推進法（2003年7月）の制定、少子化社会対策基本法（同9月）の制定と同法に基づく「少子化社会対策大綱」(2003年9月）の策定、そして、新たな少子化社会対策大綱としての「子ども・子育て応援プラン」(2004年12月）や「子ども・子育てビジョン」(2010年1月）、「結婚、妊娠、子供・子育てに温かい社会の実現をめざして」(2015年3月。以下、「2015年大綱」という）の策定、「子育て安心プラン」(2017年6月）の公表、「新しい経済政策パッケージ」の策定（同年12月）などが挙げられる。

　2010年代に入って以降は、子どもと子育てを応援する社会の実現に向け、「子ども・子育て支援」というワードが用いられるようになり、地域の実情に応じた結婚・妊娠・出産・育児の切れ目のない支援の重要性が提起されている。「2015年大綱」では、従来の少子化社会対策の枠組みを超えて、新たに結婚の支援を加え、子育て支援策の一層の充実や若い年齢での結婚・出産の希望の実現、多子世帯への一層の配慮、男女の働き方改革、地域の実情に即した取組強化を重点課題として掲げている。長期的な視点に立って、きめ細かな少子化対策を総合的に推進することを唱えている点が特徴である。

　こうした流れのなかで、2015年4月に施行されたものが、子ども・子育て支援新制度（以下、「新制度」という）である。同制度は、2012年8月に成立した「子ども・子育て関連3法[1]」に基づくものであるが、幼児期の学校教育・保育、地域の子ども・子育て支援を総合的に推進することをめざすとされている。そこでは、① 認定こども園、幼稚園、保育所を通じた共通の給付（施設型給付）及び小規模保育等への給付（地域型保育給付）の創設、② 認定こども園制度の改善（幼保連携型認定こども園の改善等）、③ 地域の実情に応じた子ども・子育て支援（利用者支援、地域子育て支援拠点事業、放課後児童クラブなどの「地域子ども・子育て支援事業」）の充実が主なポイントとなっている。

　新制度については、創設以前から今日に至るまで様々な期待と批判が交錯しているが、例えば、小学校就学前の子どもに対する教育及び保育を総合的に提

供することを謳いながら、前者を「学校教育」（子ども・子育て支援法第7条第2項）、また、後者を「一時預かり」（同第7条第3項）と相異なる概念ととらえるとともに、「保育」を「託児」（児童福祉法第6条の3第7項）と同義に位置づけるなど、制度構想自体に頗る問題が多い。近年では、新制度の円滑な実施に向けて、保育の受け皿整備（企業主導型保育の推進ほか）や保育士の処遇改善、多様な保育士の確保・育成（ICT等を活用した生産性の向上ほか）、幼児教育・保育の無償化などの施策が実施されているが、はたして、「次代の社会を担う子どもを育成し、又は育成しようとする家庭に対する支援その他の次代を担う子どもが健やかに生まれ、かつ、育成される環境の整備」（次世代育成支援対策推進法第1条）に繋がっていくものであるか否かが問われなければならない。

2 就学前の子どもの教育、保育、地域の子ども・子育て支援の現況

新制度の下で、就学前の子どもの教育、保育、地域の子育て支援をめぐる現況はどのようであろうか。以下では、いくつかの資料を取り上げながら見ておきたい。

厚生労働省「保育所等関連状況取りまとめ（平成30年4月1日）」（2018年4月）によれば、全国の保育所等の定員や待機児童の状況については、次のようになっている。すなわち、① 施設数は3万4763か所で、2017年と比べて1970か所（6.0%）増加している。② 利用定員は280万579人で、2017年と比べて9万7224人（3.6%）増加している。③ 保育所等利用児童数は261万4405人で、2017年と比べて6万7736人（2.7%）増加している。④ 定員充足率（利用児童数÷定員）は93.4%で、2017年と比べて0.8%減少している。⑤ 待機児童数は1万9895人で、2017年と比べて6186人減少している。待機児童のいる市区町村は、2017年から増加して435市区町村、待機児童が100人以上の市区町村は、2017年から16減少して48市町村、などである（図4-1参照）。

うち、認定こども園の現況について、内閣府「認定こども園に関する状況について（平成30年4月1日現在）」（2018年10月）は、① 全国の園数は6160園（前年比1079園増）であるが、公私立別では、公立1006園（前年比154園増）、私立園5154園（前年比925園増）となっており、私立園が全体の83.7%を占めている。② 私立園における設置者別園数は、社会福祉法人が2748園（私立園全体の53.3%。前年比574園増）、学校法人が2251園（私立園全体の43.7%。前年比331園増）、営利法人が71園（私

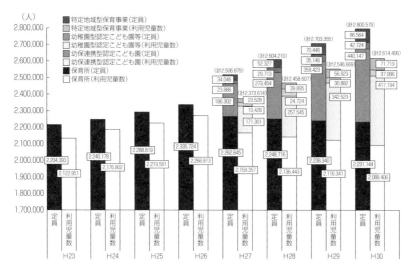

図4-1　保育所等定員数及び利用児童数の推移

出典：厚生労働省「保育所等関連状況とりまとめ（平成30年4月1日）」2018年。

立園全体の1.4％。前年比8園増）などとなっている。③ 園数の推移（各年4月1日時点）は、2011年には762園であったが、2013年に1099園と初めて1000園を超え、新制度になった2015年以降は毎年約1000〜1200園増加し、2018年には6160園となっていることなどを示している。

　また、内閣府『令和元年度少子化社会対策白書』（2019年6月）によれば、地域の子ども・子育て支援をめぐる状況として、① 利用者支援事業は、2017年度において、基本型（「利用者支援」と「地域連携」の2つの柱で構成）611か所、特定型（いわゆる「保育コンシェルジュ」）371か所、母子保健型915か所（国庫補助対象分）で実施されている。② 地域子育て支援拠点事業は、2017年度実施か所数は、7259か所（国庫補助対象分）に及んでいる。③ 放課後児童クラブは、2018年5月現在、1619市区町村、2万5328か所で実施され、123万4366人の児童が登録されている、などとなっている。

　こうした動きや現状について、伊藤良高は、「新制度において、認定こども園は、幼稚園でも保育所でもない第3の施設類型として明確に位置付けられ、保育制度上、幼稚園、保育所、認定こども園という大別して3種類の保育施設が存在することになったのである」と指摘しているが、まさしく保育制度の「三

元化」、さらには、「待機児童の解消」を錦の旗とする規制緩和策の下で推進されている家庭的保育事業、小規模保育事業等地域型保育事業や企業主導型保育事業、認可外保育施設などと相まって、「多様化」、「多元化」と呼ぶべきものとなっている。今や保育・幼児教育関係者でさえ、就学前の子どもの教育、保育、地域の子ども・子育て支援に係る仕組みとそれらをめぐる状況がきわめて複雑で、容易には理解、把握できないようなものとなってしまっているといえよう。

３　就学前の子どもの教育、保育、地域の子ども・子育て支援をめぐる課題

　では、就学前の子どもの教育、保育、地域の子ども・子育て支援をめぐる課題とは何であろうか。以下では、３点、指摘しておきたい。
　第１点は、就学前の子どもの教育、保育、地域の子ども・子育て支援の理念について、子ども・保護者・保育者（保育士・幼稚園教諭・保育教諭等）の「権利」という視点から、問うていく必要があるということである。子ども・保育者・保護者の「権利」とは、それぞれの「幸福」の実現に向けて、端的には、「心身ともに健やかに育成される」、「安心して子どもを生み、育てることができる」、「専門職として生き生きと働くことができる」ことに他ならないが、近年における子ども・子育て支援施策は、こうしたことがらを実現していくことができるのであろうか。例えば、保育・幼児教育の動向について見れば、国が描く基本的な政策理念として、21世紀の日本経済にとって重要な環境変化である少子高齢化とグローバル化を乗り切る基盤をつくるという観点から、「幼児期からの人間力向上」または「就学前を含めた幼少期の人的資本形成」が掲げられている（内閣府「経済財政運営と構造改革に関する基本方針2005」2005年６月、経済産業省「経済成長と公平性の両立に向けて──『自立・共生社会』実現の道標──」2007年10月、他）。そして、そのための国家教育戦略としての就学前教育・幼児教育の重要性の提唱、同分野への重点的な財源投入（教育投資）という流れとなっているのであるが、こうした位置づけや方向性が子どもの「権利」の実現に適うものであるかを十全に見定めていくことが求められる。[4]
　第２点は、第１点と深くかかわるが、就学前の子どもに対する教育及び保育について、その概念、目的、内容、制度を統一的・包括的にとらえていくことが不可欠であるということである。すでに述べたように、新制度の下では、両者はまったく別物扱いされ、並置させられている。否、保育概念は大きく歪め

られ、不当に低く位置づけられている。教育、保育の概念については多様な議
論があるとしても、厚生労働省「保育所保育指針解説」（2018年2月。以下、「指針
解説」という）が、保育所保育は、「乳幼児期の発達の特性を踏まえて養護と教
育が一体的に展開され、保育の内容が豊かに繰り広げられていく」、「養護と教
育が切り離せるものではない」と述べているように、教育、保育を繋がるもの
としてとらえ、解釈していくことが大切である。すなわち、保育とは、養護（生
命・生存・生活保障）と教育（発達保障）が一体となったものであり、たとえ後者
の意味合いを「学校教育」と狭くとらえるとしても、それは数ある教育の1つ
にすぎず、教育概念そのものに含まれると解されねばならない。新制度におい
て、「満3歳以上の子どもに対する教育並びに保育を必要とする子どもに対す
る教育を一体的に行い」（就学前の子どもに対する教育、保育等の総合的な提供の推進
に関する法律第2条第7項）という場合に、就学前におけるすべての子どもの保育
という視点から、単一の、しかし、豊かな広がりのある概念のなかで位置づけ、
展開していくことが望まれる。[5]

　そして、第3点は、就学前の子どもの教育、保育、地域の子ども・子育て支
援について、それらを連続する関係として位置づけていくことが大切であると
いうことである。近年、保育・幼児教育の領域にあっては、保育とソーシャル
ワークの学際的領域である「保育ソーシャルワーク」に対する関心が高まって
いる。ここでいう保育ソーシャルワークとは、「保育とソーシャルワークの学
際的・統合的な概念として位置づけられ、子どもと保護者の幸福のトータルな
保障をめざし、その専門的知識と技術をもって、保育施設や地域社会における
特別な配慮を必要とする子どもと保護者（障がいや発達上の課題、外国にルーツをも
つ子どもや家族、育児不安、不適切な養育、虐待や生活上の課題）に対して行われる支
援」[6]をさしているが、このような観点に立って、就学前の子どもの教育、保育、
地域の子ども・子育て支援を総合的に推進していく必要がある。前出の「指針
解説」は、子育て支援について、「子どもと保護者の関係、保護者同士の関係、
子どもや保護者と地域の関係を把握し、それらの関係性を高めることが保護者
の子育てや子どもの成長を支える大きな力となる」と述べているが、こうした
ことがらを適切に実践していくためには、対人援助に係るソーシャルワークの
基本的な姿勢や知識、技術等について習熟していくことが欠かせない。保育施
設におけるソーシャルワーク機能の発揮（ネットワーク構築を含む）や保育者の専
門性としてのソーシャルワーク能力の育成、保育ソーシャルワークの実践をつ

かさどる人材（保育ソーシャルワーカー）の育成が喫緊の課題である。

おわりに

　2017年３月に、厚生労働省「保育所保育指針」、文部科学省「幼稚園教育要領」及び内閣府・文部科学省・厚生労働省「幼保連携型認定こども園教育・保育要領」が改訂（定）されて以降、保育・幼児教育の世界では、これらの文書を「3法令」と称し、新たな保育・幼児教育への転換ととらえる議論も提起されている。はたしてそうであるのか、また、そうであるとすれば、いかなる意味と内容においてか吟味していくことが大切である。こうしたことは、「『量』と『質』の両面から子育てを社会全体で支える」と標榜する新制度においてもまた、同様である。保育・幼児教育の制度とは、子ども・保護者・保育者の当事者のスタンスから、それぞれの幸福の実現に資するものとなるよう構想され、展開されていくものでなくてはならない。

　　演習問題
　1．近年における子ども・子育て支援施策の展開と子ども・子育て支援新制度の概況をまとめてみよう。
　2．就学前の子どもの教育、保育、地域の子ども・子育て支援の現況について調べてみよう。
　3．就学前の子どもの教育、保育、地域の子ども・子育て支援をめぐる課題について整理してみよう。

注
　1）「子ども・子育て関連3法」とは、「子ども・子育て支援法」、「就学前の子どもに関する教育、保育等の総合的な提供の推進に関する法律の一部を改正する法律」及び「子ども・子育て支援法及び就学前の子どもに関する教育、保育等の総合的な提供の推進に関する法律の一部を改正する法律の施行に伴う関係法律の整備等に関する法律」をいう。
　2）ここでの「保育所等」は、保育所、幼保連携型認定こども園、幼稚園型認定こども園、地方裁量型認定こども園、小規模保育事業、家庭的保育事業、事業所内保育事業及び居宅訪問型保育事業を指している。
　3）伊藤良高「認定こども園制度の改革」日本保育ソーシャルワーク学会監修、伊藤良高・櫻井慶一・立花直樹・橋本一雄責任編集『保育ソーシャルワーク学研究叢書　第3巻

保育ソーシャルワークの制度と政策』晃洋書房、2018年、73頁。

4）参照：伊藤良高『増補版　幼児教育行政学』晃洋書房、2018年、3‐7頁。

5）学校教育法は、学校としての幼稚園の目的について「幼児を保育し、幼児の健やかな成長のために適当な環境を与えて、その心身の発達を助長する」（第22条）、また、児童福祉法は、児童福祉施設としての保育所の目的について「保育を必要とする乳児・幼児を日々保護者の下から通わせて保育を行う」（第39条）と定めている。法的根拠は異なるものの、ともに「保育する」ことを目的として掲げており、まさにこの点こそが、幼稚園と保育所の共通点、両施設の一体化・一元化への骨格であるといってよい。

6）伊藤良高「保育ソーシャルワークとは何か」日本保育ソーシャルワーク学会監修、鶴宏史・三好明夫・山本佳代子・柴田賢一責任編集『保育ソーシャルワーク学研究叢書第1巻　保育ソーシャルワークの思想と理論』晃洋書房、2018年、8‐9頁

7）参照：無藤隆・汐見稔幸・砂上史子『ここがポイント！3法令ガイドブック──新しい『幼稚園教育要領』『保育所保育指針』『幼保連携型認定こども園教育・保育要領』の理解のために──』フレーベル館、2017年；無藤隆・汐見稔幸・大豆生田啓友編著『3法令から読み解く乳幼児の教育・保育の未来──現場で活かすヒント』中央法規出版、2018年。

8）内閣府・文部科学省・厚生労働省『子ども・子育て支援新制度・なるほどBOOK　みんなが子育てしやすい国へ。すくすくジャパン！（平成28年4月改訂版）』2016年4月、1頁。

参 考 文 献

伊藤良高『保育制度改革と保育施設経営──保育所経営の理論と実践に関する研究──』風間書房、2011年。

伊藤良高編集代表『ポケット教育小六法』晃洋書房、各年版。

伊藤良高・伊藤美佳子『新版　子どもの幸せと親の幸せ──未来を紡ぐ保育・子育てのエッセンス──』晃洋書房、2017年。

伊藤良高・伊藤美佳子編『乳児保育のフロンティア』晃洋書房、2018年。

伊藤良高・大津尚志・香﨑智郁代・橋本一雄編『保育者・教師のフロンティア』晃洋書房、2019年。

伊藤良高・大津尚志・橋本一雄・荒井英治郎編『新版　教育と法のフロンティア』晃洋書房、2020年。

伊藤良高・牧田満知子・立花直樹編著『現場から福祉の課題を考える　子どもの豊かな育ちを支えるソーシャル・キャピタル──新時代の関係構築に向けた展望──』ミネルヴァ書房、2018年。

伊藤良高・宮﨑由紀子・香﨑智郁代・橋本一雄編『保育・幼児教育のフロンティア』晃洋書房、2018年。

第5章

子ども虐待の現状と課題

はじめに

　日本において子どもの虐待が意識化されたのは1990年代の初めであった。その後、「児童虐待の防止等に関する法律」（2000年）により、子ども虐待への理解や対応の枠組みに大きな変化がもたらされつつある。子ども虐待とは、身体的虐待、性的虐待、ネグレクト、心理的虐待の4つをいい、近年では、代理ミュンヒハウゼン症候群や乳幼児揺さぶり症候群といった特殊な虐待が新たに認識されるようになっている。本章では、年々増加している子ども虐待について取り上げ、現状についての理解と対応、今後の課題について考えていく。

1　日本とオーストラリアにおける子ども虐待の現状

　全国の児童相談所における児童虐待に関する相談対応件数は、調査が始まった1990年度以降、年々増加しており、2018年度は15万9850件となっている[1]（図5－1）。この増加の背景としては、都市化、核家族化、家族の個人化など、家族・地域社会の変容から生じる養育力の低下、行政や関係者による取組やマスコミの報道により、虐待の認識が広がったことが挙げられる。また、虐待種別としては、DVの目撃も心理的虐待に含まれたこともあり、心理的虐待の割合が急速に増加して最も多く、次いで身体的虐待、ネグレクト、性的虐待の順となっている（図5－2）。一方で、世界に目を向けてみても子ども虐待については深刻な状況と予防に関する取組が報告されている。たとえばオーストラリアの通告件数は2011-12年の25万2962件から2015-16年には35万5939件に増加しており、また、2015-16年に調査後に立件された6万989件のうち4万5714人の子どもが、虐待やネグレクトにより傷つけられるリスクがあるなど、前年度より7.7％増加している状況が報告されている[2]。日本とは情報の収集方法や整

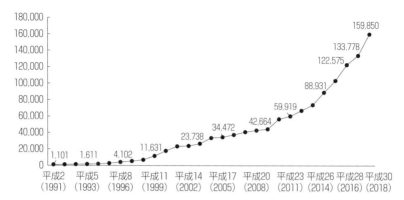

図5-1　児童相談所における児童虐待に関する相談対応件数

出典：厚生労働省『虐待による死亡事例等の検証結果等について（第15次報告）及び児童相談所での児童
　　　虐待相談対応件数』2019年8月。

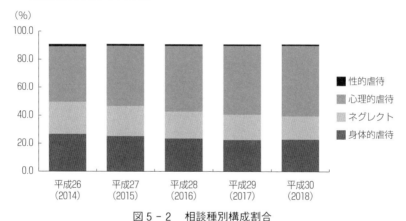

図5-2　相談種別構成割合

出典：厚生労働省『虐待による死亡事例等の検証結果等について（第15次報告）及び児童相談所での児童
　　　虐待相談対応件数』2019年8月。

理の仕方は異なっており、単純に比較することは難しいが、虐待種別の割合な
ど類似する点も多い。オーストラリア全体の立件件数が増加する中、その数が
減少傾向にあるクイーンズランド州では、子育て中の親を支援する施策とし
て、各家庭の近くでトリプルPを受講できるように体制を整えている。トリプ
ルPの目的は、親の知識、技術、自信を増進させることで子どもの行動、情緒、
発達の重度の問題を予防することにあり、誕生から12歳の思春期前の子どもを
持つ親を対象にしたレベル1（ユニバーサル）～レベル5（エンハンスト）までの

5段階プログラムで成り立っている。子どもの問題行動や親のニーズが多様化する中、多段階プログラムで対応することにより、プログラムの効果を最大化し、コストを押さえ、広く地域に提供することが可能になり、効果的な子育て支援が促進されると考えられている。立件件数の減少にこれらのプログラムがどの程度関連しているかは分からないが、このような公衆衛生に基づいたマルチレベルの予防・早期介入プログラムを州政府が積極的に導入することは、支援者と親の双方にとって支援内容と選択肢が明白になり、切れ目ない支援の提供を可能にすると考えられるのではないだろうか。

2　子ども虐待がもたらす様々な問題

　虐待が子どもに与える影響は非常に深刻で、後に様々な精神科症状、行動上の問題が表れるとされる。たとえば人間の健全な成長発達において、アタッチメント（子どもの誕生直後から形成される養育者への強い本能的結びつき）は重要な役割を担っているが、虐待を受けた子どもにとっては、親が安全基地として機能していないため、アタッチメント行動は混乱し、感情調整に困難さが生じる。[4]たとえば、他者の怒りや脅威を敏感に感じ取るため、感情表現を極端に抑制し、仲間関係や他の大人との関係においても問題が生じたり、不自然な関係の取り方(極端に甘えたかと思えば攻撃的な態度をとるなど)をしたりすることがある。また、被害者—加害者関係を他者との間で再現するといったパワーゲームの人間関係を学習していることもあり、他者と安定した信頼関係を築くことが難しいという問題が生じる。さらに、些細なことでキレる、集中困難、頻繁な忘れ物、衝動的な盗みなどの ADHD（注意欠如多動性障害）様の行動を示すこともあり、虐待の影響は多岐にわたる。

　また、虐待された子どもは、存在が危険にさらされるような強烈なストレスを受けており（トラウマ性体験）、その影響による精神病理として、複雑性 PTSD（Complex Post Traumatic Stress Disorder）あるいは DESNOS（Disorder of Extreme Stress Not Otherwise Specified：特定不能の極度のストレス障害）と呼ばれる反応や症状を示す子どもも少なくない。[5]反復的、慢性的なトラウマ性体験は、突発的なかんしゃくや極度の感情制御のような感情コントロールの混乱、フラッシュバックや解離のような意識変化、絶望感のような自己意識の変化などの特徴をもち、虐待の影響による重篤な精神病理であるといえる。その他にも、低

表5-1　虐待種別に見る脳への影響

虐待種別	脳の各部位への影響	虐待により重大な影響を受けた年齢
性的虐待	左の「一次視覚野」が著しく小さい ＊視覚野：目に映ったものの意味合いを解釈し、対象物が何であるかを認識することに重要な役割 ＊視覚的なメモリ容量の減少である可能性	11歳以前
暴言	「聴覚野（大脳皮質の側頭葉）」の容積が大きい ＊聴覚野：他人の言葉を理解したり、会話したり、コミュニケーションを司る領域	4〜12歳
体罰(身体的虐待)	「右前頭前野内側部（前頭前野の一部)」の容積が小さい ＊前頭前野：感情や思考を司り、犯罪の抑制力に関わる 「右前帯状回」の容積が小さい ＊帯状回：集中力・意思決定・共感などに関わる 「左前頭前野背外側部」の容積が小さい ＊背外側前頭前野：物事を認知する力 「痛みの伝導路」が細くなっている ＊痛みに対して鈍感になる	6〜8歳
DVを目撃することの影響	「視覚野（舌状回)」の容積が小さく、視覚野の血流が多い ＊舌状回：夢や単語の認知に関係する ＊視覚野が過敏・過活動になっている ＊言葉によるDVを目撃した人の方が、身体的DVを目撃した人の方がダメージが大きい	11〜13歳

出典：友田・藤澤（2019）を参考に作成。

い自尊感情や抑うつ症状、年齢が上がるにつれ、気分障害や摂食障害などの精神病理、引きこもりや自傷行為、非行や犯罪といった反社会的な問題を呈することもある。

　さらに近年では、脳画像診断法の発達によって、虐待は発達過程にある脳自体の機能や精神構造に永続的なダメージを与えることが明らかになってきた。[6]大脳辺縁系の障害や脳波異常、海馬や扁桃体、脳梁の縮小など、様々な影響を及ぼすことに加え、虐待種別によっても影響を受ける脳の部位が異なることも示唆されている（表5-1）。

3　子ども虐待の要因と援助

　虐待を引き起こす要因は、養育者側、子ども側、環境のリスク要因という3

つに大別できる。⁷⁾養育者側のリスク要因としては、子どもに対して愛着形成が困難であること、精神的な不安定さがあること、良い親モデルを知らないといった養育者自身の養育されてきた環境などが挙げられる。また、養育に関する知識不足や、怒りを処理する方法が備わっていないことなども要因の1つである。子ども側のリスク要因としては、低出生体重児や、障がいをもっている、気質的な育てにくさが挙げられる。環境のリスク要因としては、家族構成（ひとり親や地域から孤立した家庭）、夫婦関係の不和、経済的な困難さなどが挙げられ、精神疾患よりもストレスフルな環境の方が、コーピング能力を下げ、社会的孤立を招くとも言われている。⁸⁾虐待は、これら単一の要因からではなく、いくつかの要因が複合されて生じるため、リスク要因の把握と状況に合わせたサポートが必要となる。

　子どもに援助する際の留意点としては、虐待を受けた子どもが安心して生活できるよう、子どもが示す様々な心理・行動上の問題についての理解を深め、安全基地となりうる場所や協力者を準備することが大切である。また、本来は知的な発達に問題のない子どもであっても、教育を期待できる家庭環境ではないため、十分に学習する機会を得られず、学力の問題を引き起こしていることも多い。さらなる自己評価の低下や問題行動の増幅といった2次的な被害を防ぐため、子どもの状況に応じた学力保障を行う体制を整えることが必要である。さらに、虐待は行動上の問題となって、対人関係のトラブルを招くこともある。そのような傷つきを防ぐためには、心理教育（衝動のコントロール、感情の把握、対人スキル、自尊感情の獲得など）を取り入れることも大切である。近年では、子どもの自尊感情を高めるプログラムやソーシャルスキルを育成するプログラムなどが開発されており、治療的支援だけでなく予防的支援として、教育現場での普及が期待される（たとえば鳴門教育大学予防教育科学センターの"TOP SELF「いのちと友情」の学校教育"など）。

　一方で家族を援助する際の留意点としては、聴く姿勢を持つ（責めない、指示的な接し方を避ける）、子どもの行動を理解する方法を示唆する（良い面の報告、暴力や脅し以外の子育て方法を一緒に考える）、連絡や家庭訪問による支援（こまめに、分かりやすい連絡）などを心がける必要がある。また、虐待をしている養育者の場合、「しつけ」の一環として自身の行動をとらえていることや、養育者自身が虐待に至る様々な背景を持ち、問題を抱えていることが多い。そのため、養育者と関わる際には、信頼関係を築き、維持するための働きかけが重要である。

さらに、心理教育プログラムなどを通して、親子関係の修復を促すことも重要である。たとえば森田ゆりは、虐待的言動を繰り返してしまう親に、セルフケア力と問題解決力の回復を促し、子どもへの虐待や体罰の終止を目指した、「MY TREE ペアレンツ・プログラム」[9]を開発している。

おわりに

　通告された子どものほとんどは、一時分離はあってもその後、在宅支援になる現状があり、家族の再統合は重要な課題となっている。必要に応じて心理療法を実施しても、増加する虐待件数に支援が追い付かず、援助者側のケースネグレクトになることもありうる。そのため、これまで以上に、関係機関によるネットワークの連携、統合的な家族援助が望まれる。また、虐待の事実を早急に発見、対応することは、非常に大切であるが、虐待を未然に防ぎ、子育てを安心して行える社会を目指すためには、地域における子育て支援が重要な役割を担うことを忘れてはならない。子育て支援センターや児童館などは、遊び場としての機能以外に、心配事や不安を打ち明ける場としての機能を果たす等、幅広い目的で利用されており、利用者同士の相互交流や支援者との交流を通し、地域全体で子育て家庭を支えることが求められているといえる。ただし、積極的介入が必ずしも効果的な役割を果たすとは言い切れない。利用することで、自分の子どもと他児とを比較して落ち込むことや、子育てに関する自信のなさなどが増幅し、子育てにマイナスの影響を与えることも想定し、養育者のニーズに合わせた支援の在り方を考えることが必要である。また、子育て支援の場に従事する者の支援に関する力量をベースアップするための研修やフォローアップ体制についても検討することが大切であろう。

［ 演習問題 ］

1　虐待は世代を越えて受け継がれるのだろうか。虐待の世代間連鎖について調べ、それに関する自分の意見をまとめてみよう。

2　子ども虐待に気づくためのチェック項目にはどのようなものがあるだろうか。発達ごと（乳児／幼児／学童期・思春期）にまとめてみよう。

3　虐待を発見後の流れについて、関係機関との連携もあわせて考えてみよう。

注

1）厚生労働省『平成30年度の児童相談所での児童虐待相談対応件数（速報値）』2019年。

2）Australian Institute of Family Studies（2017）*Child abuse and neglect statistics*。

3）Sanders, M.R.（2008）Triple P-Positive Parenting Program as a Public Health Approach to Strengthening Parenting, *Journal of family psychology*, 22（3）, 506-517。

4）Mash,E.J. & Wolfe,D.A.（2008）*Abnormal Child Psychology（4 th Ed)*, Wadsworth Publish。

5）杉山登志郎『子ども虐待という第四の発達障害』学研教育出版、2007年、88-100頁。

6）友田明美・藤澤玲子『虐待が脳を変える——脳科学者からのメッセージ』新曜社、2019年。

7）岩藤裕美「虐待の可能性とその防止への援助」無藤隆、安藤智子、江草卓治編『子育て支援の心理学——家庭・園・地域で育てる』有斐閣、2008年、55-70頁。

8）注4と同じ。

9）MY TREE ペアレンツ・プログラム（子どもを虐待してしまう親の回復のためのプログラム）HP: http://www.geocities.jp/mytree1206/

参 考 文 献

奥山眞紀子編『子育て支援と虐待予防』日本評論社、2019年。

西澤哲『子ども虐待』講談社、2010年。

保育・学校現場での虐待対応研究会編『保育者・教師に役立つ子ども虐待対応実践ガイド』東洋館出版社、2013年。

渡辺久子『母子臨床と世代間伝達』金剛出版、2000年。

第6章
社会的養護と子ども家庭福祉

はじめに

　いつの時代も、子どもは次世代を担う社会の宝であり、国連の児童権利宣言や児童の権利に関する条約でも掲げられているように、子どもは心身ともに健全に育つ権利を保障されるべきものである。子どもの養育とは、こうした権利を実現するため子どもが安全で安心して暮らすことのできる環境の中で、親を中心とする大人との愛着関係の形成を基本とし、年齢に応じて子どもの自己決定を尊重しつつ、個々の子どもの状態に配慮しながら、生活支援・自立支援を行っていくものである。こうした養育は、従来、家庭を中心として行われてきたが、虐待をはじめとする様々な理由により、家庭において適切な養育を受けることのできない子どもについては、子どもの権利擁護を図るとともに、次世代育成支援という観点からも、「子どもは家庭だけではなく地域社会の中で育つ」という認識の下、地域社会が家庭の機能を補いながら、協働して子どもの養育を支え保護していくとともに、家庭の支援を行っていくことが必要である。ここに、社会的に子どもを養育し保護する「社会的養護」の意義と重要性が存在している。

　本章では、社会的養護の今日的な流れを見ながら、その中核を担う児童養護施設で生活する子どもの権利擁護や施設職員の倫理観をふまえ、子どもと保護者の最善の利益を目指すための社会的養護関係施設における評価制度について考察していく。

１　社会的養護における今日的流れ

　2011年7月、児童養護施設等の社会的養護の課題に関する検討委員会・社会保障審議会児童部会社会的養護専門委員会がとりまとめた「社会的養護の課題

と将来像」では、「社会的養護の施策は、かつては親が無い、親に育てられない子どもへの施策であったが、虐待を受けて心に傷をもつ子ども、何らかの障害のある子ども、DV被害の母子などへの支援を行う施策へと役割が変化し、その役割・機能の変化にハード・ソフトの変革が遅れている」と指摘している。加えて、社会的養護においても原則として家庭養護を優先するとともに、施設養護についてもできる限り家庭的な養育環境の形態に変えていく必要があるとしたうえで、施設が9割、里親が1割である社会的養護の現状を今後、2029年度末までに施設の本体施設、グループホーム、里親等の割合を3分の1ずつにしていくことを目標として掲げている。加えて、施設の小規模化と施設機能の地域分散化を進め、本体施設は全施設を小規模グループケア化（オールユニット化）するとともに定員を45人以下とし、乳児院についても養育単位の小規模化を進めていくこととしている。同時に、本体施設は高機能化し、地域支援の拠点としていくよう指摘している。

　また、2016年の児童福祉法改正では、子どもが権利の主体であること、実親による養育が困難であるならば、里親や特別養子縁組などで養育されるよう家庭養育優先の理念等が規定された。

　このような背景から、2017年8月に新たな社会的養育の在り方に関する検討会は「新しい社会的養育ビジョン」を発表した。これは、2016年の改正児童福祉法を基本として「社会的養護の課題と将来像」を全面的に見直したものである。具体的には、① 市区町村を中心とした支援体制の構築、② 児童相談所の機能強化と一時保護改革、③ 代替養育における「家庭と同様の養育環境」の原則に関して乳幼児から段階を追っての徹底、家庭養育が困難な子どもへの施設養育の小規模化・地域分散化・高機能化、④ 永続的解決（パーマネンシー保障）の徹底、⑤ 代替養育や集中的在宅ケアを受けた子どもの自立支援の徹底などについて指摘している。

　特別養子縁組の推進に関しては、概ね5年以内に、現状の約2倍である年間1000人以上の特別養子縁組成立をめざし、その後も増加を図っていくと目標を設定している。また、未就学児の施設入所を原則停止するという方針を提示し、より家庭に近い環境で子どもを育むために、愛着形成に最も重要な時期である3歳未満については概ね5年以内に、それ以外の就学前の子どもについては概ね7年以内に里親委託率75%以上を実現し、学童期以降は概ね10年以内を目途に里親委託率50%以上の実現を目指している。

　こうした動きの中、施設では子どもの安全・安心な生活を確保するだけでなく、これまで以上に特定の養育者と個別的、継続的な援助・支援の関係が築いていけるよう施設の小規模化や体制整備をしていく必要がある。併せて子どもたちが主体的に行動し、積極的に地域との関係づけを感じることにより、社会への適応力を身につけていく取り組みが求められる。加えて、将来の社会への自立や児童が社会へ出た後、結婚や子育てをすることを考慮し、家庭的な雰囲気で、親の代替的役割として支援する者を家庭または親としてモデリングできる環境を準備することも求められるため、施設は、より家庭的な規模で少人数での養育の重要性が指摘されている。[1)]

2　子どもの権利擁護と養育者に求められるもの

　1994年、日本は子どもの権利条約を批准し、様々な制度改正・改革が進められている。子どもの権利条約第20条の1では、「一時的若しくは恒久的にその家庭環境を奪われた児童又は児童自身の最善の利益にかんがみその家庭環境にとどまることが認められない児童は、国が与える特別の保護及び援助を受ける権利を有する」とあり、社会的養護 における公的責任と子どもの権利について規定している。また、子どもの権利条約は親の責任、国の親に対する支援等、子どもにとっての親の存在意義を幅広く明記しているが、これらを得ることができない子どもに対しては、国や社会が「特別な保護や援助」を提供する責任があることを明確に述べている。故に、社会的養護のありようは、日本という社会が子どもという存在、子どもの養育という営みをどのように考えているのかといった価値を映し出す鏡ともいえる。

　子どもの権利擁護の必要性について、堀や栄留は「子どもは成熟と発達の過程にあるため、自分で自分の権利を認識し、主張したり、行使したりする力が相対的に弱い。また、社会的保護され、義務教育を受けたり、親権に服したり、福祉等を保障される立場にある。さらに子どもは児童福祉施設の利用に際しても自ら利用契約の主体になれないなど、法的な権利の制限を受けている。このような特質のために、子どもはおとなに比べて弱い立場にあり、人権侵害を受けやすい状態にある」[2)]と指摘している。

　社会的養護を必要とする子どもたちは、愛着形成の課題や心の傷を抱えていることが多いため、適切な愛着関係に基づき他者に対する基本的信頼を獲得

し、安定した人格を形成していけるような支援が必要となる。また、子どもが心の傷を癒して回復していけるよう、専門的な知識や技術を有する者によるケアや養育も求められる。加えて2012年に発表された厚生労働省雇用均等・児童家庭局長通知による「児童養護施設運営指針」では、養育を担う者の原則として、「養育者は、子どもたちに誠実にかかわりコミュニケーションを持てない心情や理屈では割り切れない情動に寄り添い、時間をかけ、心ひらくまで待つこと、かかわっていくことを大切にする必要がある。分からないことは無理に分かろうと理論にあてはめて納得してしまうよりも、分からなさを大切にし、見つめ、かかわり、考え、思いやり、調べ、研究していくことで分かる部分を増やしていくようにする。その姿勢を持ち続けることが、気づきへの感性を磨くことになる」と述べている。

　上述した視点を大切にしながら、社会的養護の下で育った子どもも他の子どもたちとともに、社会への公平なスタートを切り、自立した社会人として生活できるように支援していくことが重要である。このため、自己肯定感を育み自分らしく生きる力、他者を尊重し共生していく力、生活スキル、社会的スキルの獲得など、1人の人間として生きていく基本的な力を育む養育を行う必要がある。

③　社会的養護関係施設における評価制度

　近年、社会福祉全体の動向として、サービス評価の仕組み作りや整備が進められている。社会福祉全体における評価制度について具体的に規定された法律および制度を見ると、2000年に制定・施行された社会福祉法がある。例えば同法第78条では「福祉サービスの質の向上のための措置等」として位置付けられ、「社会福祉事業の経営者は、自らその提供する福祉サービスの質の評価を行うことその他の措置を講ずることにより、常に福祉サービスを受ける者の立場に立って良質かつ適切な福祉サービスを提供するよう努めなければならない」と述べられている。すなわち、事業者自らがサービスの質を評価・点検する「自己評価」の必要性とともに、「公正かつ適切な評価」、すなわち「第三者評価」の普及・促進に向けた国の責務について示している。また、福祉サービス第三者評価事業の更なる普及促進を図るため、2004年には厚生労働省から「福祉サービス第三者評価事業に関する指針」が打ち出されており、現在の社会福祉全体

における評価制度の仕組みの根拠となっている。

　社会的養護の分野をみると、乳児院、児童養護施設、児童自立支援施設、児童心理治療施設、母子生活支援施設といった社会的養護関係施設における自己評価・第三者評価もこれらに基づく事業となっている。こうした社会的養護関係施設の多くは利用制度が措置制度であり、子どもや家族はどこの施設に入所するのかを選択することができない。また、近年は被虐待児童の入所が増加していることもあり、これまで以上に高度な専門性が求められている。このような背景があるため、2012年からから社会的養護関係施設には自己評価の実施（毎年度）および第三者評価の受審（3年に1回以上）が義務づけられている。

　第三者評価とは、事業者でもない利用者でもない当事者以外の公正かつ中立な第三者評価機関（県の社会福祉協議会等）が専門的かつ客観的な立場から当該事業所の提供する福祉サービスの質を評価するものである。すなわち、個々の事業者が、事業運営の現状と問題点を把握し、職員の気づきを促し、運営・サービスの質の向上に結び付けることを目的としている。社会的養護関係施設はこうした仕組みを活用することにより、子どもが必要とする養育・支援等について的確に把握し、それに応えることができる支援を行えるよう整備するとともに、第三者の関与もふまえて、養育・支援等の質の向上を図る取り組みが恒常化されることが可能となる[3]。

　第三者評価は、まず、評価基準に沿って自己評価を行うことから始まり、施設の職員全体で施設運営を振り返り、できていることやできていないことを洗い出し、そして、外部の目で評価を受けることを通じて、今後の取り組み課題を把握することが重要である。また、外部の第三者に対しても自らの取り組みを説明できるようにしていく必要性も求められる。

おわりに

　これまで児童養護施設は、要保護児童の施設養護について長年培ってきた実践と実績がある。今後も児童養護施設のソーシャルワーク機能を高め、地域の社会的養護の拠点としながら、家族支援や地域支援の充実を図っていく必要がある。また、本体施設の整備・職員配置の充実をさせていくことから、家庭的養護であるグループホーム、自立援助ホームの整備・職員配置の充実が求められる。そのためにも、先述した施設における自己評価や第三者評価等を通して

自己満足にならないように組織を運営しつつ、子どもと保護者の最善の利益を図ることができるよう尽力しなければならない。そこから最終的な目標とされる家庭養護である里親への推進、フォスタリング機関の強化を図っていくことが理想ではないだろうか。

演習問題

1．社会的養護の今日的な流れを整理してみよう。
2．子どもの権利擁護と養育者に求められる倫理について考えよう。
3．児童養護施設における評価制度についてまとめてみよう。

注

1）橋本好市・明柴聰史「児童養護施設の小規模化に関する考察と課題——大舎制から小規模ケアへ——」『園田学園女子大学論文集第48号』2014年、147頁。
2）堀正嗣・栄留里美著『子どもソーシャルワークとアドボカシー実践』明石書店、2009年、55頁
3）社会的養護第三者評価等推進研究会編『社会的養護関係施設における「自己評価」「第三者評価」の手引き』社会福祉法人全国社会福祉協議会、2013年、92頁。

参 考 文 献

伊藤良高編『教育と福祉の課題』晃洋書房、2014年。
伊藤良高・伊藤美佳子編『乳児保育のフロンティア』晃洋書房、2018年。
伊藤良高・宮﨑由紀子・香﨑智郁代・橋本一雄編『保育・幼児教育のフロンティア』晃洋書房、2018年。

第7章

放課後児童クラブの現状と課題

はじめに

　近年、私たちの暮らす社会に目を向けると少子・高齢化の波が押し寄せ、要介護状態の高齢者の増加に伴う介護問題、核家族化に伴う家庭内での子育ての限界等、といった個人では対応できない様々な課題が見られるようになった。そのため国は、社会的な対策を講じることとなった。その中で少子化対策や子育て支援として、放課後児童クラブ（以下、児童クラブとする）は1997年の児童福祉法改正において「放課後児童健全育成事業」として法律の中に位置づけられた。しかし、児童クラブの歴史は古く1950年代、東京と大阪において保育園職員と卒園児の保護者の協働で学校休業日、放課後に子どもを安心して託す場として共同学童保育所を開設した運動がそのはじまりといわれている。[1] その後も、明確な法制度化が成されぬまま、保護者らが自ら立ち上げた組織による運営、また各自治体レベルの裁量に委ねられ運営がされてきた。それは、児童クラブに関わる保護者や関係団体・組織のたゆまぬ実践が実を結んだ歴史であると同時に、これまで国が社会的ニーズをなおざりにしてきた負の歴史でもあるといえよう。

　本章では、まず児童クラブの果たしている社会的な機能についてまとめ、次に近年の国の児童クラブに係わる法改正等の実情を示す。そして全国学童保育連絡協議会の実施する全国調査に基づいた現状と課題を明らかとし、最後に今後児童クラブの運営の充実に求められる事項について若干の提案を試みることとする。

1　児童クラブの機能

　児童クラブは社会福祉法に定めるところの第2種社会福祉事業である。また

児童福祉法では第 6 条の 3 第 2 項において「おおむね10歳未満の児童であって」、とされていたものが、2015年 4 月より、「小学校に就学している児童であって」とされ、以下「その保護者が労働等により昼間家庭にいないものに、授業の終了後に児童厚生施設等の施設を利用して適切な遊び及び生活の場を与えて、その健全な育成を図る事業をいう」と規定している。ここにも明記されているように、児童の安全で安心な放課後の「生活の場」として機能することが求められていることが理解できるだろう。またその対象を拡大したことからも「子育て支援の場」として機能することも強く求められていると理解することができる。

　また開設日は各自治体の裁量に委ねられていることから一律ではないが、土曜日、運動会等の代休など 1 日休業日、春・夏・冬の長期休業の開設がなされている。国の実施要綱に示されている基準は年間250日以上開設が求められているものの法的な拘束力が無い状況である。

　そして児童クラブの日課として、各自宿題や気に入った遊びを仲間と楽しみ、おやつを食べるなど子どもたちの自由な時間が確保されている。また買い物や食事づくり、動物の飼育、野菜等の栽培、工作等の日課等も用意されている。

　また行事として四季折々の行事にならったもの、映画・芝居等の鑑賞会、遠足・キャンプ、お祭り、誕生日会といったものが行われている。[2] これらは子どもらの楽しみである他、親同士・地域の人たちとの交流の場としての意味合いを持つものでもある。

　これら子どもの健全な成長を保障する遊び・生活の場として、またその家庭においては「子育て支援の場」としての機能を有していることが理解できる。

2　国が進める児童クラブに係わる政策の概要

　まず近年の児童クラブに関連する施策についてその推移を概観すると、先にふれたように1997年の児童福祉法改正に伴い、児童クラブが法制度化され第 2 種福祉事業に位置づけられた。2003年には児童福祉法の一部改正により児童クラブを「子育て支援事業」として推進することとなる。2007年に「放課後子どもプラン（文部科学省管轄の「放課後子ども教室推進事業」と厚生労働省管轄の「放課後児童健全育成事業」の統合）」が推進された。また同年には厚生労働省が初めて「放

課後児童クラブガイドライン」を提示した。2010年には「子ども・子育てビジョン」が策定され児童クラブの整備目標等を具体的に（児童クラブ利用児童を5年間で30万人増すことや質の向上等について）示すこととなる。この目標値は2018年の全国調査（全国学童保育連絡協議会）調査においてほぼ達成されたことが分かっている。2011年に「子ども・子育て新システム検討会議」にてワーキンググループによる児童クラブの制度見直しが検討される。翌2012年には「子ども・子育て支援新制度（いわゆる子ども・子育て関連3法）」が成立（2015年4月施行）し、その中で児童クラブの対象児童年齢の引き上げ、市町村事業として位置づけ、国として法令で基準を策定、市町村は条例で基準を制定、そして事業計画策定の義務付け等が盛り込まれた。

　その後、2014年に「放課後児童健全育成事業の設備及び運営に関する基準（平成 26年厚生労働省令第63号）」（いわゆる省令基準）を策定し、全国的に一定水準の質の確保に向けた取組をより一層進めることとした。これを受けて、2015年からは、各市町村において策定される条例に基づき、児童クラブが運営されることになる。その運営の多様性を踏まえつつ、児童クラブにおいて集団の中で子どもに保障すべき生活環境や運営内容の水準を明確化し、事業の安定性及び継続性を確保していくことが必要であることから、国として運営及び設備に関するより具体的な内容を定めた「放課後児童クラブ運営指針」を策定することとした。2017年「平成29年の地方からの提案等に関する対応方針」において、「設備運営基準」の「従うべき基準」の廃止、または「参酌化を検討」する方向が示された。これについて全国学童保育連絡協議会は「設備運営基準」では、施設の広さや規模などが「参酌」にとどまったために、市町村の学童保育に対する認識の違いが生じ、格差が生み出されている事を指摘し、「従うべき基準」を廃止または参酌化することは、現状の放置及び子どもたちに困難を強いるもの、として反対の声を挙げている。

　また2018年9月14日、文部科学省と厚生労働省は「新・放課後子ども総合プラン」を公表し、児童クラブを2021年度末までに約25万人分を整備し、待機児童の解消を目指すとしている（放課後児童クラブと放課後子ども教室の一体型の実施は1万か所以上を目標）。

　このように、児童クラブを取り巻く施策・法制度の改正は近年目まぐるしく変化しており、実情を後追いする形で整備指針が提示されている実情がある。

3 全国調査から見た児童クラブの現状と課題

　ここでは全国学童保育連絡協議会（以下、協議会とする）が実施している全国調査（2018年5月1日現在）を手がかりに、児童クラブの実態をみることとする。

1 児童クラブの整備状況および受入数の状況

　まず、児童クラブのか所数は2万3315か所、入所児童数は121万1522人（前年比6万3204人増）である。その内訳を見ると、どの学年でも入所児童数が前年比で増加しており、特に4、5、6年生が増加している（表1参照）。協議会は、高学年になると下校時刻が遅くなり、平日の児童クラブでの生活時間が短くなる傾向があることを示している。また勉強が難しくなる・学校の係活動やクラブ活動の増加・友達関係の複雑化から、緊張感や疲労感を強く感じて児童クラブに来る子どもたちがいる現状を確認している。そのため、高学年の子どもの発達や心理について理解を深め、その年齢に応じたかかわり方を学び、信頼に基づく関係をつくることが必要と言及している[3]。

　また待機児童数（入所希望をしてもできない子ども）は1万6957人に上ると推計されている（ただし、入所申し込み方法が市町村により異なるため正確な把握が困難となっている）。そして、児童クラブが無い、あるいは事業を廃止した市町村が121あることや、小学校区内に無いところが2935校区（小学校区数の15.2%）あることが分かっている。これは量的な整備の遅れがあることに、大きな要因として考えられる。

表1　学年別入所児童数と割合の推移

	2015年	2016年	2017年	2018年
1～3年生	867,023（85.3%）	901,951（83.9%）	944,706（82.3%）	985,059（81.3%）
4～6年生	148,891（14.6%）	173,423（16.1%）	202,704（17.7%）	225,872（18.7%）

出典：全国学童保育連絡協議会全国調査2018。

2 大規模の児童クラブの弊害

　国の示す「放課後児童クラブ運営指針」では、適正な子ども集団の規模として、おおむね40人以下とすることが望ましい、とされているが、40人未満の児童クラブは全体の62.1%であり、他はそれ以上の定員数での運営に至っている。

大規模化した環境での弊害として「事故や怪我が増える、騒々しく落ち着きがなくなる、とげとげしくなる、些細な事で喧嘩になる、おとなしい子は放っておかれる、指導員の目が届かない等」子どもが安心して生活を営むことが困難な状況が報告されている。また国民生活センターの「児童クラブの安全に関する調査研究」では規模が大きくなるほど通院・入院数が長い事故・怪我が増えると指摘されている。[4] このような現状をふまえ、協議会では「上限を30人未満とまで」と提言している。[5] この提言を受け止め、国は早急に規模の上限を法的根拠としての基準を示すべきであろう。

3　指導員の現状

　児童クラブで勤務する指導員は全国に約 9 万2500人おり（2012年調査結果）、そのうち正規職員は21.5％にとどまっており、非正規職員が主となっている。そのため、多くの課題を抱えている。年収が150万円未満は全体の68.2％、勤務年数が増えても賃金が上がらない。これは 1 年契約の非正規職員が多いこと、そして国の補助単価は非常勤職員の賃金で計算されていることが要因として確認されている。また福利厚生面の劣悪さ（退職金がない61.6％・社会保険がない36.5％・一時金がない53.8％・時間外手当がない39.0％）が顕著である等、不安定な雇用で働く条件は非常に劣悪である。このような状況から、勤務年数は 1 ～ 3 年が半数を占めており、指導員の欠員地域が全体の 1 割となっている（2008年調査結果）。

　また、2015年 4 月からは児童クラブに 2 人以上の指導員として、一定の研修を終えた「放課後児童支援員」を配置することが義務付けられ、その研修の義務化を進めていった。量・質、共に確保しようとする積極的な動きを見ることができた。しかし一方で、その研修は計24時間・16科目という専門性を確保するには到底及ばない脆弱なものに留まっている。[6] そして2019年 6 月、「地域の自主性及び自立性を高めるための改革の推進を図るための関係法律の整備に関する法律」により児童福祉法が一部改正された。これに伴い、2020年 4 月 1 日から「指導員は 2 名から 1 名の配置でよし」となった。これらの点について、子どもの権利を保障するに値するだけの内容・質を兼ね備えた研修の実施による専門性の獲得の機会を保障すること。そして、そのことをふまえた公的な専門職者としての位置づけを見据えた国としての政策提案が必要ではないだろうか。また、そもそも指導員の専門性とはどのようなものであるのかという議論

もあり、識者らによる一定の見識も示されていることからそれら見識を参考にすることも求められるだろう。そして人員削減を示した法案の可決は時代の流れにそぐわないことは明白であり、そのような悪法は撤廃するべきであろう。

おわりに
――児童クラブの運営の充実を目指して――

　先の調査において児童クラブで過ごす時間は、学校で過ごす時間を大きく上回っている実態が指摘されている。その点からも、児童クラブはまさに生活の場であり、健全な発育を保障するに値する場として機能することが社会的に求められることはいうまでもない。しかし、国はその公的責任を曖昧にし、それは最低基準がない状況を生み出し、本来必要な予算措置がなされていないものとなっている。そして補助金額は児童クラブ運営に充分なものでないという悪循環の只中にあるといえる。また指導員の人員削減といった制度改悪が実行されようとしている。結果、そのしわ寄せは子どもたち、またその家族が被ることは明白である。このような無法地帯的現状を国は直視し、直ちに改善の法整備等を執り行う責任があるものと考える。

　そして少子・高齢社会を積極的に捉えた児童クラブのあり方として、日常的な高齢者世代との交流を確保することも重要ではないだろうか。以前は普通にあった異世代間の交流を通じ、子どもは自然に高齢者から貴重な知恵を学び、それはかけがえのない財産として継承されていた。しかしそのような体験も今では希少なものとなっている状況をふまえると、子どもと高齢者のかかわり合いの時間・場面を意図的につくり上げていくことを考える必要性はあるのではいだろうか。子どもと高齢者の有機的なかかわり合いを、子どもの健全な育成を目的としている児童クラブの運営において、「あたり前の風景」となることを仕掛けていくことで、少子・高齢社会の時代における豊かなコミュニティの実現において寄与していくことができると考える。

　演習問題
　1．児童クラブは子育て支援においてどのような役割を担っているのか考えてみよう。
　2．児童クラブの指導員が有するべき専門性について考えてみよう。
　3．何故、児童クラブの法整備が不充分なまま今日に至ってしまったのか考えてみよう。

注

1 ）田丸敏高、河崎道夫、浜谷直人編著『子どもの発達と学童保育』福村出版、2011年、
　　205頁。

2 ）全国学童保育連絡協議会編集『学童保育ハンドブック改訂版』ぎょうせい、2013年、
　　32-37頁。

3 ）全国学童保育連絡協議会『学童保育情報2018-2019』2018年、13頁。

4 ）独立行政法人国民生活センター「学童保育の安全に関する調査研究――求められる放
　　課後の安全な生活空間、格差の解消、保険への加入――＜概要＞」2009年、 1 -12頁。

5 ）全国学童保育連絡協議会『学童保育情報2018-2019』2018年、15頁。

6 ）全国学童保育連絡協議会『学童保育情報2018-2019』2018年、125-127頁。

参 考 文 献

学童保育指導員研修テキスト編集委員会編集『学童保育指導員のための研修テキスト』か
　　もがわ出版、2013年。

日本学童保育学会『現代日本の学童保育』旬報社、2012年。

広井良典編著『老人と子ども統合ケア』中央法規出版社、2000年。

第8章 子ども家庭福祉専門職をめぐる動向と課題

はじめに

　近年、虐待や貧困、社会的孤立等の複合的な問題を抱えている子どもと家族は解決の糸口を見出すことができずに立ち尽くしている傾向にある。これらの問題の背景には、核家族化や縮小した家族・親族関係、希薄化した近隣関係、子ども家庭福祉に関わる機関や施設の深刻な人手不足等がある。子どもと家族の生活を支援する専門職を増やし、その専門性を向上させることは喫緊の課題である。

　本章では、どのような専門職が子ども家庭福祉を担っているのか整理し、専門職の動向と課題について考えていく。

1　子ども家庭福祉行政機関における専門職

　子ども家庭福祉を担う行政機関には児童相談所、福祉事務所・家庭児童相談室、保健所等があり、それらの機関には各種の専門職が配置されている（表1）。

1　児童相談所における主な専門職

　児童相談所は児童福祉法第12条に基づき、都道府県に設置されている。児童相談所は子ども家庭福祉を担う他の機関や施設等と連携し、地域における相談支援体制の充実を図っている。

　児童相談所における相談対応件数は増加しており、2013年度は39万1997件、2017年度は46万6880件と報告されている。2017年度の主な相談内容は、「虐待相談を含む養護相談」が41.9％と最も多く、次いで「障害相談」が39.6％、「育成相談」が9.3％であった。[1] これらの相談に迅速かつ適切に対応するために、所長をはじめ、児童福祉司や児童心理司、相談員、心理療法担当職員等の専門

表 1　子ども家庭福祉行政機関における主な専門職

行政機関	主な専門職
児童相談所	所長、児童福祉司、児童心理司、相談員、心理療法担当職員、医師、看護師、保健師、児童指導員、保育士、理学療法士等
福祉事務所・家庭児童相談室	所長、指導監督を行う所員（社会福祉主事）、現業を行う所員（社会福祉主事）、事務を行う所員、家庭相談員、家庭児童福祉主事等
市区町村	子ども家庭支援員、心理担当支援員、虐待対応専門員等
保健所	医師、薬剤師、獣医師、保健師、診療放射線技師、臨床検査技師、衛生検査技師、管理栄養士、精神保健福祉相談員等
婦人相談所・配偶者暴力相談支援センター	婦人相談員等

出典：小六法編集委員会編『福祉小六法2019年版』みらい、2019年を参考に筆者が作成した。

職が配置されている。

　専門職の 1 人である児童福祉司は、子どもと保護者等から子どもの福祉に関する相談に応じ、必要な調査や社会診断を行う。また、子どもと保護者、関係者等に必要な支援・指導を行い、子どもや保護者等の関係調整を行う。

2　福祉事務所における主な専門職

　福祉事務所は社会福祉法第14条に基づき、都道府県及び市（特別区含む）に設置が義務付けられ、町村は任意で設置している。福祉事務所には所長や事務職員のほか、査察指導員や現業員が配置されており、支援を必要とする人の家庭訪問や面接による調査、生活指導等を行う。

　福祉事務所には家庭児童相談室が設置されており、家庭相談員が子ども家庭福祉の機関・施設と連携を図り、相談に応じている。相談内容は、児童虐待や子どもの障害に関すること、子どもの非行や家出、不登校等と多岐にわたり、相談員は児童相談所や保健所、学校、警察、児童委員や地域子育て支援センター等と連携し、子どもの福祉の向上に努める役割が期待されている。

3　市区町村における主な専門職

　2016年に成立した児童福祉法等の一部を改正する法律において、市区町村は子どもとその家庭及び妊産婦等を対象に養育環境の実情を把握し、継続的に相談支援を行う責務があることが明確化された。そして、市区町村には子ども家

庭総合支援拠点が設置され、子ども家庭支援員や心理担当支援員、虐待対応専門員等の専門職が配置されている。

　子ども家庭支援員は主に養育環境の実情把握や相談対応、他関係機関等と連携し、子どもと家庭の支援を行う。心理担当支援員は心理アセスメントを実施し、子どもや保護者等を対象に心理的側面からのケアを実施する。虐待対応専門員は虐待相談や関係機関（児童相談所、保健所等）と連携及び調整を図り、虐待が認められる家庭等への支援を行う。

4　保健所における主な専門職

　保健所は地域保健法第5条に基づき、都道府県、政令指定都市、中核市、その他の政令で定める市又は特別区に設置されている。保健所は地域住民の健康の保持及び増進を図るために、医師や薬剤師、保健師等の専門職を配置している。児童福祉法第12条にも保健所の業務として、① 児童の保健に関する正しい衛生知識の普及を図ること、② 児童の健康相談に応じ、又は健康診査を行い、保健指導を行うこと、③ 障害等のある児童の療育について指導すること、④ 児童福祉施設に対し、栄養の改善その他衛生に関して必要な助言を行うことが明記されている。[2]保健師をはじめ、専門職が連携し、子どもの健康状態の把握や保健指導、療育指導等を行うなかで児童虐待の早期発見や防止に努めている。

5　婦人相談所・配偶者暴力相談支援センターにおける主な専門職

　婦人相談所は売春防止法第34条に基づき、都道府県、指定都市に設置される。そして、婦人相談所は配偶者暴力相談支援センターの機能も果たしている（配偶者からの暴力の防止及び被害者の保護等に関する法律第3条）。婦人相談員はドメスティックバイオレンス（DV）等の被害を受けた女性からの相談に応じ、心身の健康回復や自立生活に向けた支援を行う。

２　子ども家庭福祉施設における専門職

　子ども家庭福祉を担う主な施設には、乳児院、母子生活支援施設、保育所、児童養護施設、障害児入所施設、児童発達支援センター、児童心理治療施設、児童自立支援施設、児童家庭支援センター等がある。これらの施設には、児童

表2　子ども家庭福祉施設における主な専門職

児童福祉施設	主な専門職
乳児院	医師又は嘱託医、看護師、個別対応職員、家庭支援専門相談員、栄養士、調理員
母子生活支援施設	母子支援員、嘱託医、少年を指導する職員、調理員、（心理療法担当職員）
保育所	保育士、嘱託医、調理員
児童養護施設	児童指導員、嘱託医、保育士、個別対応職員、家庭支援専門相談員、栄養士、調理員、（看護師）
福祉型障害児入所施設	嘱託医、児童指導員、保育士、栄養士、調理員、児童発達支援管理責任者、（看護師）
医療型障害児入所施設	病院として必要な職員、児童指導員、保育士、児童発達支援管理責任者、（理学療法士又は作業療法士、心理指導担当職員）
福祉型児童発達支援センター	嘱託医、児童指導員、保育士、栄養士、調理員、児童発達支援管理責任者、（機能訓練担当職員）
医療型児童発達支援センター	診療所として必要な職員、児童指導員、保育士、看護師、理学療法士又は作業療法士、児童発達支援管理責任者
児童心理治療施設	医師、心理療法担当職員、児童指導員、保育士、看護師、個別対応職員、家庭支援専門相談員、栄養士、調理員
児童自立支援施設	児童自立支援専門員、児童生活支援員、嘱託医、精神科医、個別対応職員、家庭支援専門相談員、栄養士、調理員
児童家庭支援センター	相談・支援を担当する職員、心理療法等を担当する職員

出典：小六法編集委員会編『福祉小六法2019年版』みらい、2019年を参考に筆者が作成した。

福祉施設の設備及び運営に関する基準に基づき、専門職が配置されている（表2）。

1　保育士

　保育士は、児童福祉法第18条の4によれば、「登録を受け、保育士の名称を用いて、専門的知識及び技術をもつて、児童の保育及び児童の保護者に対する保育に関する指導を行うことを業とする者をいう」と規定されている[3]。保育士が配置されている主な児童福祉施設は保育所、児童養護施設、福祉型・医療型障害児入所施設、福祉型・医療型児童発達支援センター、児童心理治療施設である。保育士は子どもたちが基本的な生活習慣（食事、排泄、睡眠）を確立し、遊びや活動を通じて社会性や協調性を育み、人格形成の支援を行う。また、保護者の育児に関する相談に応じ、適切な情報提供や育児の助言を行う。

2　児童指導員

　児童指導員任用資格を有する児童指導員は児童養護施設や福祉型・医療型障害児入所施設、福祉型・医療型児童発達支援センター、児童心理治療施設等に配置される。児童指導員は家庭の事情や障害等の理由により養護が必要な子どもたちが健全に成長することができるように、生活環境の整備や生活面・学習面の支援を行う。児童指導員は子どもたちに対する生活指導計画の立案や会議の運営、児童相談所や学校との連絡、子どもたちの退所をめぐる保護者との面接等を行っている。また、施設を退所した子どもたちに対する相談や自立のための援助や地域住民からの相談に応じ、助言も行っている。

3　児童自立支援専門員・児童生活支援員

　児童自立支援施設に配置される児童自立支援専門員と児童生活支援員は子どもたちの生活指導を行い、自立を支援する。児童自立支援施設には不良行為や家庭環境等の理由によって子どもたちは入所或いは通所しており、個々の子どもたちの状況に応じた生活支援・自立支援が必要とされている。専門員や支援員は子どもたちと寝食を共にし、集団生活に適応できるように生活面・学習面の支援を行う。

4　母子支援員・少年指導員

　母子生活支援施設には母子の生活支援を行う母子支援員や少年を指導する少年指導員が配置されている。専門職は就労や育児、健康、家族関係、将来の生活設計等について相談援助を行っている。また、保育サービスの実施や子どもの学習や遊びの支援も行い、母子の保護と自立に向けた生活支援を行っている。

5　児童発達支援管理責任者

　福祉型・医療型障害児入所施設や福祉型・医療型児童発達支援センターには児童発達支援管理責任者が配置され、個別支援計画の作成や提供したサービスについて評価を行う。就学前の障害のある子どもたちが日常生活に必要となる基本的動作や生活習慣、コミュニケーション能力等を獲得し、集団生活に適応できるように支援していかなければならない。個々の子どもたちのニーズを把握し、一貫した支援を実施するために個別支援計画は必要不可欠である。また、支援の質向上のためにサービスの客観的評価は重視されている。

6　家庭支援専門相談員（ファミリーソーシャルワーカー）

　家庭支援専門相談員は乳児院や児童養護施設、児童心理治療施設や児童自立支援施設に配置されている。虐待等を理由に入所している子どもたちが早期に家庭復帰できるように保護者宅を訪問し、親子関係の再構築や里親委託を可能にするための相談援助等の支援を行う。また、家庭復帰後における相談援助をはじめ、里親委託後における相談援助、地域の子育て家庭に対する育児不安解消のための相談援助を行う。

３　子ども家庭福祉専門職をめぐる動向

1　児童福祉司の増員と専門性強化

　近年、児童虐待件数は増加の一途をたどっており、2018年度に児童相談所が児童虐待相談として対応した件数は過去最多の15万9850件であった[4]。そのため、2018年に「児童虐待防止対策の強化に向けた緊急総合対策」が発表され、情報共有の徹底や立入調査のルール徹底と警察への援助要請、適切な一時保護や施設入所等の措置の実施、乳幼児健診未受診者や未就園・未就学児等の緊急把握の実施、児童虐待防止対策体制総合強化プラン（新プラン）の策定を講ずることになった。

　新プランには児童福祉司、児童心理司等の専門職の職員体制・専門性の強化、弁護士・医療職等の配置の促進などの児童相談所の体制強化策が盛り込まれている。児童福祉司の増員については、児童福祉司1人当たりの虐待相談が約50ケースとなっている現状を見直し、虐待相談40ケース相当になるように設定している。また、地域の相談体制の強化のため、里親養育支援児童福祉司、市町村支援児童福祉司を追加配置することになった。したがって、2019年度から2022年度にかけて児童福祉司を2000人程度増員する目標を設定している[5]。

　児童虐待の対応件数が増加する中、児童福祉司は対人援助のスキルや権利擁護の意識をもち、多職種や関係機関と連携して支援に携わることが必要である。特に「保護者への適切な指導・支援の在り方」「児童虐待に対する法的手段の適切な活用」「的確な虐待対応に向けた市区町村等関係機関との連携の在り方」等の研修プログラムの充実が求められる。

2　子ども家庭福祉専門職に必要とされる専門性

　高橋重宏は「個人の権利や自己実現が保障され、身体的・精神的・社会的に良好な状態にあるウエルビーイング」と「自ら判断し、社会福祉サービスを利用しながら主体的に生きる力を向上させる自立支援」が子ども家庭福祉の重要な理念であると説明している。[6]

　また、柏女霊峰は「子ども家庭福祉の理念に関わる座標軸として、① 子どもの最善の利益、② 公的責任、③ 社会連帯、④ 子どもの能動的権利の保障を示し、公助、共助、自助によってソーシャルインクルージョンを実現する社会のありようが最も必要である」と述べている。[7]

　つまり、公的保障のみならず社会連帯によって子どもの権利保障と子育て支援を実践し、子どもが心身ともに健やかに自立した人間に成長することを目指さなければならないのである。

　専門職はソーシャルワーカーの倫理綱領やバイスティックの7原則に基づき、個々の子どもと家族の状況を理解し、誰もが生きる権利をもつという人権感覚をもつ必要がある。尊厳が傷つけられ、自分の思いや考えを周囲に伝えられない子どもたちの思いに共感し、受容し、傾聴する関わりが求められる。特に援助関係に影響を及ぼす自己の価値観の偏りや偏見を意識し、コントロールすることが必要である。なぜなら、先入観や固定観念でクライエントを理解・判断することは、専門職への不信感を強め、信頼関係を構築することが困難となるからである。専門職はクライエントの気持ちに寄り添い、冷静かつ客観的に問題を分析し、解決に導くことができるよう、自己研鑽が必要である。

　また、専門職として子ども家庭福祉に関わる知識や技術も必要不可欠である。現在、子どもが暮らす家庭環境は経済社会の影響を強く受け、厳しさを増している。離婚や入院等により就労が困難になると、生活水準や生活基盤そのものが不安定になる。専門職は経済的、そして精神的に追いつめられている家族が自らの生活上の困難や課題を解決することができるよう、相談に応じ、生活実態やニーズを把握し、福祉サービス等につなげていく役割を担っている。法律や制度の知識を習得しておくことにより、ニーズに応じた適切な支援に結びつけていくことができる。

　さらに、実際の援助には、面接技法を用いてニーズを把握し、生活上の課題を明確にするアセスメントや支援計画の作成などのソーシャルワーク技術の習得が必要である。子どもや家族が持っている可能性を信頼し、潜在的に持って

いる力を引き出し、関係機関と連携・協働する姿勢も必要である。

お わ り に

　深刻化する児童虐待を防止するためには、児童相談所をはじめとする行政機関や児童福祉施設、学校、児童委員・主任児童委員、警察、民間の福祉団体等の子ども家庭福祉に関わる関係機関・施設がケース検討会や情報の共有を行い、専門的視点からニーズを把握し、チームで協働して支援する必要がある。今後は専門職が相互に連携し、互いの役割や専門性を認識し、倫理観や専門知識、援助技術をさらに向上させることが期待される。

演習問題

1．子ども家庭福祉を担う行政機関や施設にはどのような専門職が配置されているのかまとめてみよう。
2．子ども家庭福祉専門職の役割について考えてみよう。
3．子ども家庭福祉専門職に求められる専門性とは何かを考えてみよう。

注

1）厚生労働省「2017年度福祉行政報告例の概況」2018年、7 頁。
2）小六法編集委員会編『福祉小六法2019年版』みらい、2019年、104頁。
3）小六法編集委員会編『福祉小六法2019年版』みらい、2019年、106頁。
4）厚生労働省「2018年度児童相談所での児童虐待相談対応件数（速報値）」2019年、2 頁。
5）厚生労働省「全国児童相談所長緊急会議資料」2019年、20頁。
6）高橋重宏・山縣文治・才村純編著『社会福祉基礎シリーズ⑥　子ども家庭福祉とソーシャルワーク第 3 版』有斐閣、2007年、4 -10頁。
7）柏女霊峰『子ども家庭福祉論　第 3 版』誠信書房、2013年、51頁。

参 考 文 献

櫻井奈津子編著『学ぶ・わかる・みえるシリーズ　保育と現代社会　保育と子ども家庭福祉』みらい、2019年。
千葉茂明編著『新エッセンシャル　子ども家庭福祉論』みらい、2019年。
山縣文治編著『やわらかアカデミズム　わかるシリーズ　よくわかる子ども家庭福祉第 9 版』ミネルヴァ書房、2014年。

コラム3

▶保育者の資質の保持と向上について考える

はじめに

2017年4月、厚生労働省は、保育士不足改善や現場の職員の資質向上を目的とする「保育士等キャリアアップ研修ガイドライン」の概要を示した。

その背景としては、「保育現場においては、園長、主任保育士の下で、初任後から中堅までの職員が、多様な課題への対応や若手の指導等を行うリーダー的な役割を与えられて職務にあたっており、こうした職務内容に応じた専門性の向上を図るため、研修機会を充実させることが重要である」を挙げ、明記している。

さらに、保育現場におけるリーダー的職員の育成に関する研修についても、一定の水準を確保するため、研修の内容や研修の実施方法など、必要な事項を定めるガイドラインが策定された。

具体的には、保育所等の保育現場において、各専門分野に関してリーダー的な役割を担う者を対象に、6つの「専門別分野研修（① 乳児保育、② 幼児教育、③ 障害児保育、④ 食育・アレルギー対応、⑤ 保健衛生・安全対策、⑥ 保護者支援・子育て支援）」が設けられることとなった。

そのほか、各分野におけるリーダー的な役割を担う者としての経験があり、主任保育士の下で、ミドルリーダーの役割を担う者を対象とする「マネジメント研修」に加え、保育所等の保育現場における実習経験の少ない者又は長期間、保育所等の保育現場で保育を行っていない者（潜在保育士等）を対象とした「保育実践研修」も用意された。そして、これらの研修を終えることで、「副主任保育士」、「専門リーダー」、「職務分野別リーダー」の3つの役職へステップアップができる仕組みにもなっている。このように、ようやく国が保育者の"キャリア支援"について、待遇面も絡めながら本気で取り組みを始めたと言える。

しかしながら、そもそも保育者は、「全国保育士会倫理綱領」に則り、研修や自己研鑽を通して、常に自らの人間性と専門性の向上に努め、専門職としての責務を果たすことが求められていることから、"資質の保持と向上"についても、努力を惜しむことなく、自分磨きを行わなければならないとされている。

そこで、自分磨きのための物語は、保育者を志した学生時代からすでに始まっているものとし、保育士養成校は何をすべきかに焦点を当てて述べることとする。

元々ソーシャルワーカーであるという保育士の誕生の歴史を伝えること

まずは、保育所の誕生の歴史を丁寧にひも解いていくことが、保育者としての自分磨きの物語を展開していくための土台になると考える。

日本の保育所は、1890年、新潟市で赤沢鍾美（1864〜1937）が漢学を教えていた「新潟静修学校」において、幼い子どもを背負ってくる貧家の子女の生徒も多かったため、仲子夫人が別室で乳幼児を預かって子守りをしたことから始まっている。その後、1894年には、女性が当時多く働いていた東京の繊維工場「大日本紡績株式会社」に、企業内託児所が設けられていくという歴史をたどっていく。

1900年には、野口幽香（1866〜1950）によって、貧民子女のための「二葉幼稚園（現二葉保育園）」が同じく東京で創設、1906年には、麹町から四谷のスラム（貧民街）地区へと移転したことによって、保育事業だけでなく、社会改良を行うセツルメント活動も展開されたという歴史にもたどり着く。

そして、紡績や炭鉱や低所得の貧困世帯地域の中で、保育所は広まり、保育士は、貧困に苦しむ子どもや保護者の生活相談を受け、生活を共にすることで、家庭環境の改善を図ったり、貧困を生み出している社会を改良していくソーシャルワーカーでもあったという事実を知ることとなる。

これらのことをふまえた上で、100年以上経過した今でも、子どもの貧困が社会全体で取り上げられていることに、どれだけの学生が敏感になっているだろうか。例えば、学生時代から、子どもの貧困に興味関心を高く持ち、子ども食堂なる活動に身を置いてみたりすることで、現場の空気をたくさん吸ってみることは、保育者となってからも、行動力をはじめ観察力や言語化する力等、保育者としての資質を保持し、向上させようとする意欲に、極めて大きな影響を与えるものと考えられる。

「目の前の現実をソーシャルアクションを通じて変えていきたい」といった本来のソーシャルワーク魂なる DNA を、保育者に受け継がせていくためにも、学生時代に体験できる、経験したいと思える機会をいかに与えていくかが、保育士養成校としても問われていると思われる。

保育者の資質の保持や向上への自主性、自律性、主体性は学生時代から

片岡徳雄によれば、「行為主体における自主性とは、行為や一連のまとまりある行為において、その動機が『自発的』つまり自己内部からの発動により、その行為過程が『自律的』つまり、自制を伴う自由によって展開され、その行為の結果や影響においては伝統的、保守的であろうと革新的、創造的であろうと『主体

的』である、という状態をさす。」と述べている。

　例えば、学生主体で行う子ども食堂に当てはめてみる。大学の講義が終わると"ほおっておいても"子ども食堂づくりについての学習、研究を始めるという動機の自主性、すなわち"学生から"つくり始めるという「自発性」である。自分から進んで積極的、意欲的に行為を起こしたり、仕事に取り掛かったりして、何をやるのか、その目的意識や問題の自覚においての姿こそ、自己研鑽には欠かせない要素であり、学生時代から育んでいきたいものである。

　また、目の前の課題を"自分たちで相談して、対処する力を自ら身につけていく"というプロセスの自主性、すなわち"学生で"つくっていくという「自律性」である。各自の役割や行為は、自分たちで自由に決めながら進めていくとはいうものの悪戦苦闘し、時にはジレンマに陥りながらも、全体の動きや各自の仕事量のバランスを調整しながら、自らを自制、コントロールしていく姿こそ、自律的に自己学習を進めていくには必要な要素であり、これも学生時代から育んでいくべき必要があろう。

　そして、あの学生たちは、あんなに見えて、しっかり子どもの貧困やら新たな居場所対策という社会正義に則って、自分たちが正しいと思ったら、"なかなかの根性があって引っこみはしない"という結果の自主性、すなわち"学生が"つくっていくという「主体性」である。自分たちが行った活動の結果や影響について自分たちが責任をとるという意味での姿こそ主体的であり、このことは将来、保育者としての自分磨きにも主体的になることとなり、言うまでもなく必要な要素として、これこそ学生時代から育んでいくべきものである。

　おわりに
　保育者を志した時点から、すでに"自分磨きの物語"は始まっている。
　したがって、いかに学生時代に自発性や自律性や主体性を育む活動に関わってきたかが大切であり、自己研鑽という手を抜くことのできない物語を終わらせるわけにはいかないのである。

　注
　1）菊池哲『主体的学習の原理と実践』明治図書出版、1971年、13-22頁。

コラム 4

▶児童の健全育成と少年非行について考える

非行をめぐる最近の実情

　内閣府は2015年 7 月の世論調査で、「実感として、おおむね 5 年前と比べて、少年による重大な事件が増えていると思うか、減っていると思うか」と尋ねている。結果は「かなり増えている」と答えた者の割合が42.3％、「ある程度増えている」と答えた者の割合が36.3% であった。しかし、少年刑法犯等検挙人員は、実数でも少年人口比でも戦後最低の水準にある（図 1 参照）。[1]

　また、各年齢の者10万人当たりの刑法犯検挙（補導）人員（非行少年率）は、どの年に生まれた少年についても、16歳以降は減少する（図 2 参照）。

非行の有する「遊び」としての性格

　非行少年にとって、非行はあくまでも若いころのヤンチャであり、やがて卒業すべき「遊び」に過ぎない。しかも、彼らは、表向きはアウトローを気取っていても、実は「小さな幸せ」志向である。例えば、1970 ～ 80年代に暴走族に参加していた非行少年は、インタビューに対して以下のとおり答えている。[2]

　　俺、思うけど、族の子達みんな、いつかは暴走やめて平凡に結婚して、子

図 1　少年刑法犯等検挙人員の推移（1946年～ 2017年）

出典：法務省『平成30年版犯罪白書』3 - 1 - 1 - 1 図　少年による刑法犯等検挙人員・人口比の推移 http://hakusyo1.moj.go.jp/jp/65/nfm/n65_2_3_1_1_1.html、2019年 8 月31日最終確認。

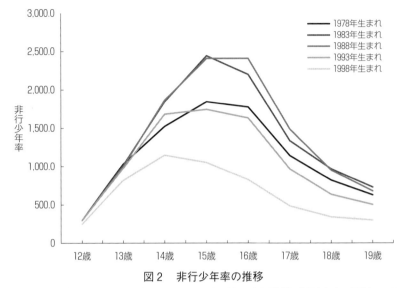

図2　非行少年率の推移

出典：法務省『平成30年版犯罪白書』3−1−1−3図　少年による刑法犯 非行少年率の推移 http://hakusyo1.moj.go.jp/jp/65/nfm/n65_2_3_1_1_2.html、2019年8月31日最終確認。

供を産んで、まあ、小さな店でも持てりゃ最高、年をとったら世の中とバイバイ、そんな平凡な生き方を望んでいるんじゃない？

　　私は女だから暴走の時は運転できない。昔レディースキャッツがあったけど、それも18才までね。20才すぎるとみんな消えてなくなる。女はやっぱり結婚しかないのかな。／私の友達で17才の時、今のダンナと暴走の先頭切って走ってた人がいる。…（中略）…でも今は、赤ちゃんができて結婚した。ダンナは大工さんで、彼女は工場にパートとして働きに行っている。

非行と健全育成

　ところで、非行少年は、最初から非行に走らず、勉学や労働に打ち込んでいればよかったのであろうか。筆者の知る限りでは、決してそうではない。例えば、不登校児童・生徒の中には、思春期・青春期に不登校を経験して十分に遊べなかったことを心残りとして語る者がいる。彼らの中には、学業を終えても仕事に定着できない者がいる。例えば、中学時代に精神的失調を経験して学校に通えなかったある男性は、カウンセラーに以下のとおり語ったという。[3]

　　私は大学まで卒業したとはいうものの、中学・高校・大学と、満足に遊ん
　だという感覚がありません。今、ようやく遊びを取り戻しているのです。…
　（中略）…遊びが足りないうちは、仕事はできないような気がします。

　他方、非行少年は非行を「卒業」して結婚・就労を果たすとき、自分は非行と
いう「遊び」を遊び抜いたと語る。例えば、1970 ～ 80年代に隆盛を誇った暴走
族ブラックエンペラーに属していた青年は、以下のとおり語っている[4]。

　　　人生で、たった一度の青春時代。俺は、その大切な青春を、暴走にかけた。
　　今振り返ってみても、何一つ悔いはない。…（中略）…暴走族、それはほと
　　んどの若者が一度はあこがれ、そして時期が来れば自然とやめてゆく、はし
　　かのようなものだ。…（中略）…俺はブラック・エンペラーに入り悔いのな
　　い青春を送れた事を誇りに思っている。

　子どもたちは大人になるとき、「遊び」を断念して労働に定着しなければなら
ない。しかし、彼らは、非行という逸脱的な仕方によってでも、一度は遊びを遊
び抜かなければ、「遊び」を断念して労働に定着することができない。それゆえ、
思春期・青春期のある時期に「遊び」として行われる軽度の逸脱行動は、むしろ、
子どもたちの社会適応を促進するのである。2017年 2 月に開催された法制審議会
第178回会議では、法務大臣から「少年法における少年の年齢及び犯罪者処遇を
充実させるための刑事法の整備に関する諮問第103号」が発せられ、少年法適用
年齢の引き下げが議論されている[5]。しかし、ここまでの論述で示されたとおり、
性急な厳罰化に走って非行少年・若年犯罪者に実刑を科すことは、彼らの社会適
応を阻害する。社会の冷静な議論が求められる。

　注
　1 ）内閣府世論調査＞平成27年度＞少年非行に関する世論調査＞ 2 調査結果の概要＞
　　　1. 少年非行に関する意識＞（1）少年非行は増加しているか（https://survey.
　　　gov-online.go.jp/h27/h27-shounenhikou/ 2 - 1 .html、2019年 8 月22日最終確認）
　　　参照。
　2 ）グループ＜フルスロットル＞『ボア・アップ！暴走族：暴走列島 '80part 2 』第
　　　三書館、1980年、338頁及び343頁。
　3 ）氏家靖浩「僕たちの遊びをわかってほしい──不登校の子どもと遊び──」（麻

生武・綿巻徹編『遊びという謎』ミネルヴァ書房、1998年）、143頁。

4）グループ＜フルスロットル＞、前掲書、38頁。

5）法務省 HP トップページ＞省議・審議会等＞審議会＞法制審議会 - 総会＞法制審議会第178回会議（平成29年 2 月 9 日開催）（http://www.moj.go.jp/shingi 1 /shingi03500028.html、2019年 8 月31日最終確認）参照。

第9章 障がい児福祉の理念と実践

はじめに

　障がい児福祉はノーマライゼーションやインクルージョンといった理念の下、大きく変わろうとしている。これまでの障がい児を保護する考えから、障がい児の権利擁護と自立に向けた支援が重要視されるようになってきている。

　また、2016年の「障害者の日常生活及び社会生活を総合的に支援するための法律（障害者総合支援法）及び児童福祉法の一部を改正する法律」（2018年4月施行）では障害児支援のニーズの多様化へのきめ細やかに対応するための支援の充実が図られている。

　そこで、本章では、障がい児福祉の理念については権利を中心に論じ、実践では支援の方向性及び障がい児保育の現状を概観することで障がい児福祉のあり方を考えていくことにする。

1　障がい児福祉の理念

　厚生労働省が示している児童発達支援ガイドライン[1)]によると、障がい児支援の基本理念として次の4点を示している。① 障がいのある子ども本人の最善の利益の保障、② 地域社会への参加・包容（インクルージョン）の推進と合理的配慮、③ 家族支援の重視、④ 障害のある子どもの地域社会への参加・包容（インクルージョン）を子育て支援において推進するための後方支援としての専門的役割、である。

　つまり、障がい児の最善の利益が保障され、家族も視野に入れた支援の必要性、地域社会への参加・包摂を専門的に支援することで共生社会の実現を目指しているといえる。

　また、障がい児福祉の理念にとって重要な考え方が障がい児の権利保障であ

る。障がい児の権利が注目されるようになったのは、1948年「世界人権宣言」に始まる。その後、1959年11月20日、第14回国連総会で採択された「児童権利宣言」では第5条に「身体的、精神的又は社会的に障害のある児童は、その特殊な事情により必要とされる特別の治療、教育及び保護を与えなければならない。」と限定的ではあるものの障がい児の治療、教育、保護を受ける権利について示された。その他、1966年「国際人権規約」、1971年「知的障害者の権利宣言」、1975年「障害者の権利宣言」、1979年「国際児童年」、1981年「国際障害者年」、その後の「国連・障害者の10年」（1983年～1992年）、そして、1989年第44回国連総会において採択され1990年発効された「児童の権利に関する条約」（日本は1994年批准）、2006年「障害者の権利に関する条約」（日本は2014年批准・公布、同2月発効）等、歴史的な流れを国際的な動きの中で見ることができる。[2]

　障がい児の権利にとって重要な2つの条約を次に概観する。児童の権利に関する条約では、第2条第1項に「児童に対し、児童又はその父母若しくは法定保護者の人種、皮膚の色、性、言語、宗教、政治的意見その他の意見、国民的、種族的若しくは社会的出身、財産、心身障害、出生又は他の地位にかかわらず、いかなる差別もなしにこの条約に定める権利を尊重し、及び確保する」と児童の差別の禁止、権利の尊重について明示されている。また、第23条第1項では、「締約国は、精神的又は身体的な障害を有する児童が、その尊厳を確保し、自立を促進し及び社会への積極的な参加を容易にする条件の下で十分かつ相応な生活を享受すべきであることを認める」と障がい児に関してもその権利の確保と差別の禁止について示されている。

　障害者の権利に関する条約では、第1条（目的）に「全ての障害者によるあらゆる人権及び基本的自由の安全かつ平等な享有を促進し、保護し、及び確保すること並びに障害者の固有の尊厳の尊重を促進することを目的とする」と目的規定が示されている。また、同条約第3条（一般原則）（h）では、「障害のある児童の発達しつつある能力の尊重及び障害のある児童がその同一性を保持する権利の尊重」とある。すなわち、障がい児においても、個人の尊厳が尊重され、同時に、児童特有の発達の視点から、その人格を尊重した発達支援の重要性が示されている。

　また、国内法を見ると、2011年に改正された「障害者基本法」では、第1条（目的）に「全ての国民が、障害の有無にかかわらず、等しく基本的人権を享有するかけがえのない個人として尊重されるものであるとの理念にのっとり、全

ての国民が、障害の有無によつて分け隔てられることなく、相互に人格と個性を尊重し合いながら共生する社会を実現するため」と障がい者の権利に関する文言が新たに加えられている。また、国や地方公共団体の責務として、第16条（教育）では、障がい児が障がいのない児童や生徒と共に教育を受けられるように配慮し、教育内容及び方法を改善する等の施策を講じることとされ、第17条（療育）では、障がい児が可能な限り身近な場所で療育及びその他の支援が受けられるための施策を講じなければならないと示されている。すなわち、障がい児の権利が保障され、障がいの有無に関係なく、1人1人が互いを尊重し合いながら生きることができる社会の構築を目指しているのである。

さらに、2013年 6 月に制定された「障害を理由とする差別の解消の推進に関する法律（障害者差別解消法）」（2016年 4 月 1 日施行）では、障がい児者の「不当な差別的取扱いの禁止」と「合理的配慮の提供」が規定された。

2 障がい児福祉の実践

1 障がい児の支援体制

2012年の改正児童福祉法により、障がい児支援については、身近な地域で支援を受けられるようにするため、2012年 4 月から従来の知的障がい児施設、肢体不自由児施設などの障がい種別に分かれていた施設体系が再編された。通所による支援を「障がい児通所支援」に、入所による支援を「障がい児入所支援」に一元化している。併せて障がい児通所支援に係る事務の実施主体については、都道府県から市町村に移行され、同時に「放課後等デイサービス」と「保育所等訪問支援」が創設された[3]。さらに、2016年の「障害者の日常生活及び社会生活を総合的に支援するための法律（障害者総合支援法）及び児童福祉法の一部を改正する法律」（2018年 4 月施行）では、重度の障がい等で外出が著しく困難な障がい児の居宅を訪問して発達支援を行う「居宅訪問型児童発達支援」が創設され、同時に保育所等訪問支援の支援対象が保育所、幼稚園などから乳児院、児童養護施設にも拡大された[4]。

以下では、障がい児支援の概略を示す（図 9 - 1 参照）[5]。

①障がい児施設・事業（通所・入所）の一元化

これまで、障がい種別で分かれていた施設体系（従来の知的障がい児施設、知的障がい児通園施設、盲ろうあ児施設、肢体不自由児施設、重症心身障害児施設等）を重複

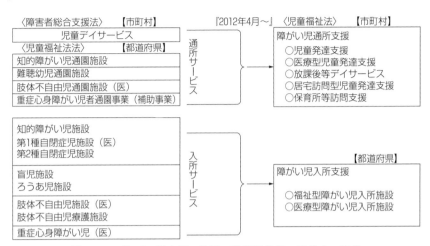

図 9-1　障がい児支援の体系〜障害児施設・事業の一元化

注：18歳以上は障害者総合支援法の施策による対応。
出典：厚生労働省　「障害児支援施策１　障害児施策の概要」を筆者一部改変。

障がいへの対応や身近な地域で支援が受けられるよう、障がい児通所支援（児童発達支援、医療型児童発達支援、放課後等デイサービス、保育所等訪問支援等）と障がい児入所支援（福祉型障がい児入所施設・医療型障がい児入所施設）に一元化された。

　② 放課後等デイサービス・保育所等訪問支援の創設

　学齢期（学校教育法に規定する学校に就学する障がい児）における障がい児の支援の充実を図るため放課後等デイサービス事業（20歳に達するまで利用できる特例を設ける）が創設され、放課後や夏休み等の長期休暇時に利用できるようになった。また、障がい児が利用している保育所等に専門家（障がい、医療、幼児教育等）が訪問し、障がい児に対する生活適応支援や保育所の職員等に対して障がい児への支援方法の指導等を行う保育所等訪問支援が創設された。

　③ 在園機関の見直し（18歳以上の障がい児施設入所者については障害者総合支援法で対応）

　18歳以上の障害児施設に入所する者に対し障害者総合支援法に基づく障害福祉サービスが提供される。

　④ 障がい児通所支援の実施主体を都道府県から市町村に移行

　通所サービスは実施主体を都道府県から身近な市町村に変更された。

　さらに、2015年度から「子ども・子育て支援法」に基づく「子ども・子育て

支援新制度」のスタートに伴い、内閣府子ども・子育て支援新制度施行準備室「障害児支援と子育て支援施策との緊密な連携について」（事務連絡）では、障がい児支援のための計画的な基盤整備として、① 児童発達支援センター及び障がい児入所施設を中核とした地域支援体制を整備すること、② 子ども・子育て支援法等に基づく子育て支援施策との緊密な連携を図ること、③ 学校、障がい児通所支援事業所、障がい児入所施設、障がい福祉サービスを提供する事業所等が緊密な連携を図ること、④ 福祉、医療、教育等の関係機関において、共通の理解に基づき協働する総合的な支援体制の構築を図ることなど、障がい児支援の基本的な考え方が示されている。[6]

　また、厚生労働省「障害児支援の在り方に関する検討会」による「今後の障害児支援の在り方について（報告書）～「発達支援」が必要な子どもの支援はどうあるべきか～」では、① 地域社会への参加・包容（インクルージョン）の推進と合理的配慮、② 障がい児本人の最善の利益の保障、③ 障がい児の家族支援を重視、④ 地域においてライフステージに応じた切れ目のない支援、⑤ 医療、保健、福祉、保育、教育、就労支援等とも連携し地域支援体制の確立、⑥ 支援者の専門性の向上、専門職の確保など、障がい児支援のあり方を考えるに当たって重要なポイントとして掲げられている。[7]

2　障がい児保育の実践

　障がい児福祉の実践として、障がい児保育の現状を概観する。現在、特別な支援が必要な子どもや障がい児の支援など、保育の現場は多様化、複雑化する傾向にある。

　障がい児保育の実施状況は内閣府「障害者白書」（2018年版）（以下、障害者白書と略）[8]によると、2016年の障がい児の受け入れ状況は、特別児童扶養手当支給対象児童1万1778名で軽度障害児を含む実障害児数6万4718名となっている（図9-2参照）。

　また、2015年度より施行された子ども・子育て支援新制度において、①障がい児等の特別な支援が必要な子どもの受け入れ、地域関係機関との連携や相談対応等を行う場合に、地域の療育支援を補助する者を保育所、幼稚園、認定こども園に配置、②新設された地域型保育事業について、障がい児を受け入れた場合に特別な支援が必要な子ども2人に対して保育士1人を配置する、などが行われている。さらに、2017年度より開始された「保育士等キャリアアップ

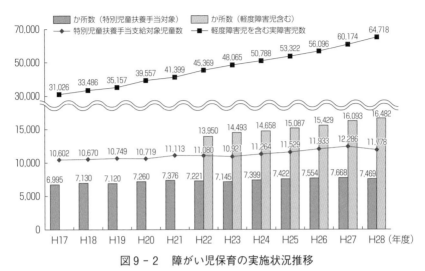

図9-2　障がい児保育の実施状況推移

注：各年度3月31日時点。
出典：内閣府『障害者白書』2018年版。thhps://www8.cao.go.jp/syougai/whitepaper/h30hakusyo/zenbun/pdf/s3_1-3.pdf

研修」の研修分野に「障害児保育」が盛り込まれ、障がい児保育を担当する職員の専門性の向上が図られている[9]。

　近年、障がい児保育の考え方として、多様なニーズを有する子どもの存在を認め包含し、それぞれの子どものニーズに沿った支援を行うというインクルーシブな支援の必要性が指摘されている[10]。障害者の権利に関する条約でも、インクルーシブ・エディケーション・システム（inclusive education system）という教育方法が示され、障がいを理由に子どもを分けるのではなく共に育ち、共に学ぶ保育・教育への転換が図られている[11]。つまり、今求められる保育は障がい児だけを特別視した保育ではなく、多様な子どもの存在を認めた上で、それらすべての子どもを包含したインクルーシブ保育であると考えられる。

　そのためには、専門職である保育士、幼稚園教諭、施設保育士（以下、保育者と略）は、保育の知識だけでなく、発達支援（療育）、ソーシャルワーク等の幅広い知識と技術が求められる。例えば、保育所等訪問支援の活用、児童発達支援センター等の専門機関との連絡調整、協働、障がい児の保護者への支援などソーシャルワーク機能を有効に活用することも必要であろう。

　そこで、1つ指摘しておきたいのは保育者への支援である。保育者には子ど

もの保育だけでなく、障がい児支援、保護者支援、地域子育て支援など、多く
の専門性と高い倫理観が求められている。そのよう中で、保育者自身も疲弊し
たり、悩みを抱えたりすることも多いだろう、その対策としてスーパービジョ
ンやコンサルテーションなどの導入及び研修体系の整備など保育者の支援に目
を向けて置くことも重要な課題であるといえよう。

③　障がい児の家族支援

　障がい児の支援において、その家族の支援は重要なポイントである。子ども
にとって最も身近で常日頃から子育てに奮闘している保護者やきょうだいなど
の存在を忘れてはならない。中には、日々の子どもの介護に追われたり、不安
や負担感を抱えたりする保護者も存在する。その家族を支え、不安や負担感を
軽減することも障がい児支援の重要な役割である。
　しかし、これまで障がい児の家族に支援の目が向けられてきたわけではない。
支援を受けるというよりも偏見や差別など、苦しい立場に置かれていた家族も
多い。田澤あけみ[12]によれば「障害児をもつ家族は歴史的に『問題家族』の範疇
と見なされたため、障害児は家族から引き離されて施設で保護、治療、訓練、
指導の対象とされることで残りの家族成員の『自律』が保持できるとされてき
ました」と指摘している。歴史的には障がい児の家族への支援は皆無とまでは
言わないまでも、積極的な支援が行われてきたとは言い難い。社会福祉や障が
い児福祉の理念の変遷や社会システムの変容により、ようやく障がい児の家族
への支援が必要であることが理解されるようになってきたのである。
　また、障がい児の家族の困難性について渡辺顕一郎[13]は、障がい児の家族に共
通する困難についてパターソンとマッカバン（Patterson, J. M. & McCubbin, H. L.）
の研究から次の9つを示している。① 家族の緊張関係、② 家族の活動や目標
の修正、③ 増加する課題やそれにかかわる時間の負担、④ 増加する財政的負
担、⑤ 住環境整備の必要性、⑥ 社会的孤立、⑦ 医療に関する事項、⑧ 学業経
験の差異、⑨ 悲嘆である。だが、上述した困難について渡辺は「家族が直面[14]
する困難は、あくまでも障害によって派生してくるものであり、子どもの存在
自体によってもたらされるものではありません」と述べている。つまり、子ど
もの存在が困難なのではなく、障がいによって派生する様々な問題への対応が
困難となっているのである。それらの困難要因を社会的な支援によって取り除

くことができたならば、家族の負担も軽減するのである。障がい児の支援においては、家族を視野に入れた総合的な支援が必要であり、保護者が安心して子育てに取り組めること、そして、そのきょうだいも一緒に育ち合う支援策が重要となるのではないだろうか。

　障がい児支援における家族支援について「今後の障害児支援の在り方について（報告書）」では、第1に、保護者の「子どもの育ちを支える力」を向上させることを目的としたペアレント・トレーニング等の支援。第2に、家族の精神面でのケア、カウンセリング等の支援。第3に、保護者等の行うケアを一時的に代行する支援（短期入所等）、などが挙げられている。[15]家族支援は親や保護者だけでなく、障がい児のきょうだいも含まれ、家族全体を支援するといった考えが必要である。つまり、障がい児とその家族の育ちや暮らしを安定させるための支援が求められていると言える。

おわりに

　障がい児福祉については、法律の整備等も含めて積極的な支援体制が図られようとしている。しかしながら、いかなる制度政策が整備されようとも、子どもに関わる人々の意識が変容しなければ、障がい児の最善の利益を護ることはできない。特に、子ども支援の最前線にいる保育・教育・療育関係者、地域住民が障がい児とその家族を正しく理解し、子どもの基本的人権が擁護される社会を作っていくことが重要である。そのためには、社会全体で障がい児の育ちを支えることが必要であり、ひとえに障がい児支援の社会化を目指すことが求められる。

演習問題
1　障がい児の権利についてまとめてみよう。
2　障がい児支援と家族支援について考えてみよう。
3　障がい児の早期発見、早期発達支援について考えてみよう。

注
1）厚生労働省「障害児支援施策　5　児童発達支援ガイドライン」https://www.mhlw.go.jp/file/06-Seisakujouhou-12200000-Shakaiengokyokushougaihokenfukushi

bu/0000171670.pdf（2019年 8 月30日最終確認）。

2 ）田澤あけみ「児童の権利と障害児（者）の福祉」、一番ヶ瀬康子監修、田澤あけみ『新訂版　介護福祉ハンドブック　障害児福祉・家族援助のあり方』一橋出版、2002年、37 −39頁。

3 ）厚生労働省『厚生労働白書』「障害者等の地域生活を支援する施策の充実　1 相談支援の充実、障害児支援の強化等」2014年、468頁。

4 ）全国社会福祉協議会「2018年 4 月版　障害福祉サービスの利用について　障害者総合支援法　地域社会における共生の実現に向けて」https://www.shakyo.or.jp/news/pamphlet_201804.pdf（2019年 8 月30日最終確認）に詳しい。

5 ）厚生労働省「児童福祉法の一部改正の概要について」、社会・援護局障害保健福祉部障害福祉課、2012年 1 月13日（http://www.mhlw.go.jp/bunya/shougaihoken/jiritsushien/dl/setdumeikai_0113_04.pdf　2014年10月21日最終確認）。

6 ）内閣府子ども・子育て支援新制度施行準備室「障害児支援と子育て支援施策との緊密な連携について」（事務連絡）、2014年 5 月30日（http://www 8 .cao.go.jp/shoushi/shinseido/administer/setsumeikai/h260604/pdf/s11.pdf　2014年10月21日最終確認）。

7 ）障害児支援の在り方に関する検討会「今後の障害児支援の在り方について（報告書）～「発達支援」が必要な子どもの支援はどうあるべきか～」厚生労働省、2014年（http://www.mhlw.go.jp/stf/shingi/0000050945.html　2014年10月19日最終確認）。

8 ）内閣府『障害者白書』「第 3 章　社会参加へ向けた自立の基盤づくり　第 1 節　障害のある子供の教育・育成に関する施策　2 ．障害のある子供に対する福祉の推進（1）障害児保育の推進」2018年版、69頁。

9 ）同上。

10）外務省「日本と国際社会の平和と安定に向けた取組」（http://www.mofa.go.jp/mofaj/gaiko/jinken/index_shogaisha.html　2014年 9 月21日最終確認）。

11）堀智晴「インクルーシブ保育の理論と実践」、堀智晴・橋本好市編著『障害児保育の理論と実践──インクルーシブ保育の実現に向けて──』ミネルヴァ書房、2010年、 2 頁。

12）田澤前掲書、 9 頁。

13）渡辺顕一郎「障害児の自立を見すえた家族支援──家族生活教育を中心に──」中央法規、2006年、10-12頁。

14）渡辺前掲書、12頁。

15）障害児支援の在り方に関する検討会「今後の障害児支援の在り方について（報告書）～「発達支援」が必要な子どもの支援はどうあるべきか～」厚生労働省、2014年（http://www.mhlw.go.jp/stf/shingi/0000050945.html　2014年10月19日最終確認）。

参 考 文 献

伊藤良高編著『教育と福祉の課題』晃洋書房、2014年。

伊藤良高・中谷彪・北野幸子編『幼児教育のフロンティア』晃洋書房、2009年。

伊藤良高・永野典詞・中谷彪編『保育ソーシャルワークのフロンティア』晃洋書房、2011年。

第10章
ひとり親家庭支援の現状と課題

はじめに

　子育て家庭の中でもとくに経済的に厳しい状態に置かれる傾向にあるのが
「ひとり親家庭」である。家事や労働、そして子育てはもちろんのこと、暮ら
しの営みの中で生じる日常的な困りごとから不意に生じる困りごとまでひとり
親家庭ではひとりの親にその負担が集中してしまう。そのため経済的、精神的
にもゆとりを無くしてしまう親は多く、こうした状態に親が置かれることで子
どもの育ちへの影響もでてくる。
　本章では子どもの健やかな育ちを形成するためには親の安心した子育て環境
が確保される必要があるという考え方を前提に、今日のわが国のひとり親家庭
の実態に焦点をあて、ひとり親家庭に対する支援施策の内容とその課題につい
て論じていく。

I　ひとり親家庭の現状

　はじめに、わが国におけるひとり親家庭の実態について平成28年度全国ひと
り親世帯等調査結果の概況から確認しておきたい。[1]
　ひとり親の世帯数（推計値）をみると母子世帯が123.2万世帯で、父子世帯は
18.7万世帯となっている。そのうえで、ひとり親世帯になった理由については、
母子世帯では「離婚」が79.5％、「死別」が8.0％となっており、父子世帯では「離
婚」が75.6％、「死別」が19.0％となっている。この数値を1952年時点での母子
世帯となった要因と比較してみると、「死別」が85％（うち、戦争に起因する「死別」
が38％）、「離婚」が8％であり、ひとり親世帯になった理由は今と昔で完全に
逆転している状況である。[2]
　また、今日のひとり親家庭の就業状況ついては、母子世帯の81.8％が就業し[3]

ており、雇用形態の内訳としては「パート・アルバイト等」が43.8％で最も多く、次いで「正規の職員・従業員」が44.2％、「自営業」が3.4％となっている。一方で、父子世帯の場合は85.4％が就業しており、その雇用形態の内訳は「正規の職員・従業員」が68.2％、「自営業」が18.2％、「パート・アルバイト等」が6.4％となっている。さらに、ひとり親家庭の平均年間収入（母又は父自身の収入）については、母子世帯で243万円、父子世帯で420万円で、平成28 年の1世帯当たり平均所得金額が「全世帯」が560万2000円[4]と比較すると、その収入状況は低く抑えられている。またこの件と深く関連するひとり親世帯が抱える具体的問題が「子どもの貧困」という問題である。貧困に対する主な考え方には「絶対的貧困」と「相対的貧困」の2つが挙げられる。「絶対的貧困」は、生命を維持するために最低限必要な衣食住に欠く状態、例えば途上国での飢餓状態を指す。[5] 一方で、「相対的貧困」[6]は、その社会や地域における一般的な生活を享受できない状態のことをいう。ここでは「相対的貧困」を取り上げ、論じるものとする。平成28年国民生活基礎調査[7]において貧困率の状況を確認した場合「子どもがいる現役世帯」[8]の「相対的貧困率」は12.9％であり、そのうち「大人が1人」の世帯員では 50.8％、「大人が二人以上」の世帯員が10.7％と公表されて

表10-1　母子世帯と父子世帯の状況

		母子世帯	父子世帯
1	世帯数［推計値］	123.2万世帯 （123.8万世帯）	18.7万世帯 （22.3万世帯）
2	ひとり親世帯になった理由	離婚79.5%（80.8%） 死別8.0%（7.5%）	離婚75.6%（74.3%） 死別19.0%（16.8%）
3	就業状況	81.8%（80.6%）	85.4%（91.3%）
	就業者のうち正規の職員・従業員	44.2%（39.4%）	68.2%（67.2%）
	うち自営業	3.4%（2.6%）	18.2%（15.6%）
	うちパート・アルバイト等	43.8%（47.4%）	6.4%（8.0%）
4	平均年間収入［母又は父自身の収入］	243万円（223万円）	420万円（380万円）
5	平均年間就労収入［母又は父自身の就労収入］	200万円（181万円）	398万円（360万円）
6	平均年間収入［同居親族を含む世帯全員の収入］	348万円（291万円）	573万円（455万円）

注：1　（ ）内の値は、前回（平成23年度）の調査結果を表している。
　　2　「平均年間収入」及び「平均年間就労収入」は、平成27年の1年間の収入。
　　3　集計結果の構成割合については、原則として、「不詳」となる回答（無記入や誤記入等）がある場合は、分母となる総数に不詳数を含めて算出した値（比率）を表している。
出典：厚生労働省『平成28年度全国ひとり親世帯等調査結果の概要』。

おり、ひとり親世帯の貧困率は深刻な状況といえる。

　貧困がもたらす問題については前述の通り、親だけでなく子どもの育ちにも大きく影響を及ぼすということがある。それは「お金がない」ということを引き金にして生じる子どもの心身並びに社会的健康にまで及ぶ悪影響である。貧困状態に置かれている子どもの中には「モノが買えない」、「習い事ができない」、「進学できない」といった子どもたちがいたり、家計を助けるためにアルバイト等に奔走し、自己実現につなげる機会を捨てなければならない経験を味わう子どもたちが多く存在する。経済的に安定している子どもたちと自分を比較した場合に、「自分だけができない」という劣等感を成長過程の中で経験することで自己肯定感が維持できないといった問題点も指摘されている。

　貧困が子どもたちに与える弊害とはまさに子どもの健やかな育ちをはぐくむ上で経験する必要のない困難を創出し、それとは逆に経験すべき機会を制限するという問題なのである。

2　ひとり親家庭の支援施策

　2000年代に突入してからのひとり親家庭支援施策については、国が2002年 3 月にそれまでの母子及び寡婦福祉対策を根本から見直し「母子家庭等自立支援対策大綱」をとりまとめている。この大綱は「ひとり親家庭に対する"きめ細やかな福祉サービスの展開"と母子家庭の母に対する"自立の支援"に主眼を置いた改革」とされ、ひとり親家庭支援においてはとりわけ「子育て・生活支援策」、「就業支援策」、「養育費の確保策」、「経済的支援策」の 4 本柱で施策を推進していく方向性を示している。また、この大綱を起点に、近年の離婚の急増等の母子家庭をめぐる諸状況に適切に対応していくため、就業・自立促進に向けた総合的な母子家庭等対策の一環として同年11月に母子及び寡婦福祉法や児童扶養手当法、児童福祉法、社会福祉法の改正等が行われている。特に、母子及び寡婦福祉法の一部改正によって2003年に「母子家庭及び寡婦の生活の安定と向上のための措置に関する基本的方針」（以下、「基本方針」と呼ぶ）が打ち出され、この方針を受け都道府県、市、福祉事務所を有する町村は母子家庭及び寡婦自立促進計画を策定している。その後、この基本方針は2008年に見直し・改定されることになるが、就業支援及び養育費確保に関する施策を強化する方向性が打ち出されるものの、依然として 4 本柱中心の施策推進に大きな変更は

なかった。

　直近のひとり親家庭支援施策に目を向けると、各支援施策はさらなる見直しが推し進められている。具体的には、2013年5月に社会保障審議会児童部会に「ひとり親家庭への支援施策の在り方に関する専門委員会」が設置され、同年8月に「ひとり親家庭への支援施策の在り方について（中間まとめ）」[11]（以下、「中間まとめ」と呼ぶ）が打ち出されたことにより、各施策のさらなる強化・充実を図ろうと、母子及び寡婦福祉法の一部改正、児童扶養手当法等の改正事項を盛り込んだ「次代の社会を担う子どもの健全な育成を図るための次世代育成支援対策推進法等の一部を改正する法律（以下、「改正法」と呼ぶ）が2014年4月に成立したところである。なお、今回の改正におけるポイントについては、2014年5月20日に実施された全国福祉事務所会議資料[12]で提示されているが、それに基づき「中間まとめ」におけるひとり親家庭支援施策の現状・課題分析と関連付けながら、以下示しておく。

1　ひとり親家庭に対する支援体制について

　「中間まとめ」では、ひとり親家庭が多様な課題に対し支援メニューを適切に組み合わせた相談・支援が必要であるにもかかわらず、各自治体間の母子自立支援員や母子家庭等日常生活支援事業の取り組みに温度差があるとし、相談支援体制や支援メニューの充実・提供体制における課題について提起が行われている。これら課題を踏まえ、母子及び寡婦福祉法の見直しが図られ、都道府県等に対し母子家庭等の生活の安定と向上のための支援措置の積極的・計画的実施や母子・父子自立支援員の人材確保・資質向上についての努力義務規定が新たに設けられ、また母子家庭等の支援を行う関係機関においても相互協力規程が新たに加わった。

2　ひとり親家庭に対する支援施策・周知の強化について

　「中間まとめ」では、支援施策がひとり親に十分に知れわたっておらず、利用が停滞している状況を踏まえ、施策の周知・利用の促進に関する課題やひとり親が就業と子育ての両立を図りながら、安定した生活の実現を目指す施策の強化に関する課題等を提起している。

　これらの課題を踏まえ、就業支援事業等において「支援施策に関する情報提供」を明確に業務と位置づけ、周知の強化が図られることになった。

　また、ひとり親がより安定した仕事に就くために有効となる資格取得を目指す場合の「高等職業訓練促進給付金」等については公課禁止規定が設けられ、それを非課税にすることによって、就業支援を強化することになった。さらに、放課後児童健全育成事業等についても配慮規定を設けるほか、予算事業として行ってきた子どもへの相談・学習支援などの事業について「生活向上事業」として法律に位置づけることにより、子育て・生活支援の強化が図られることになった。

3　父子家庭への支援の拡大

　「中間まとめ」では、父子家庭の中にも非正規職員が雇用されるものが一定数存在し、また就労収入の低さや負債等を抱え貧困に陥っている現状に触れ、父子家庭の就業と子育ての両立の困難さ、また厳しい経済状況に置かれている現実を踏まえ父子家庭への支援をどのように進めていくかという点を課題に挙げている。これら提起される課題を踏まえ、今回の改正ではニーズが高い福祉資金の貸付について父子家庭も借りられるよう、「父子福祉資金」制度の創設等の父子家庭に対する支援の拡充がみられる。また、「母子自立支援員」、「母子福祉団体」等についても父子家庭を法律上の支援対象として位置づけた上で、名称を「母子・父子自立支援員」、「母子・父子福祉団体」等に改称されることになった。さらに、2014年10月より法律の名称がこれまでの「母子及び寡婦福祉法」から「母子及び父子並びに寡婦福祉法」に改称されている。

4　児童扶養手当と公的年金等との併給制限

　「中間まとめ」では、ひとり親家庭に対する経済的支援の中で、公的年金等の受給者に対する児童扶養手当の支給制限措置の在り方の検討課題について指摘している。それを踏まえ、今回の改正で、児童扶養手当の額よりも少額の公的年金等を受給する場合、その差額分の児童扶養手当を支給できるように改められることになった。なお、これに係る施行は2014年12月からとなっている。

3　ひとり親家庭支援に関する課題

　本節では、ひとり親家庭支援に関する課題を大きく2点提起しておきたい。まず1点目が、自らの生活課題を認識していないひとり親家庭や仮に認識し

ていたとしても相談窓口を利用しないひとり親家庭に対する相談支援体制をど
のように構築するかという課題である。ひとり親家庭の現状からもみてわかる
とおり、ひとり親家庭はふたり親家庭に比べ、1人で仕事や家事、子育て等を
担っており、暮らしにゆとりをもてない場合が多い。さらに、こうしたゆとり
のなさは時に自らの生活課題をみえにくくさせ、また相談窓口へのつながりを
遮ることさえある。越智あゆみによれば利用のしやすさ、相談のしやすさを表
す「アクセシビリティ」、またソーシャルワークが取り組むべき課題の特性を
考慮したアクセシビリティ概念を「福祉アクセシビリティ」と表現しており、
「福祉サービスを必要とする人」を発見・把握し、その人に対してもソーシャ
ルワーク機能を発揮して支援に取り組むことが、社会的にも求められるソー
シャルワークの今日的課題であると指摘している。よって、相談窓口に自らの
力でたどりついたひとり親家庭のみならず、必要とする福祉サービスにつな
がっていないひとり親家庭をいかに掘り起し、適切に相談窓口につなげるネッ
トワークシステムが重要になると思われる。

　そして2点目が、ひとり親家庭に対し周囲の正しい理解の促進をいかに図る
かという課題である。以前、ひとり親家庭に対し呼ばれてきた「欠損家族」と
いう呼び方が象徴するように、現在でもひとり親家庭に対する偏見の社会的風
潮が少なからず残っている。多様な生活課題を抱えるひとり親家庭が安心した
生活をおくるためには、単に公的な福祉サービスにつなげるだけではその実現
は難しい。地域住民をはじめ、企業や学校などひとり親家庭をとりまく地域社
会を構成する全ての者がひとり親家庭の置かれている状況を正しく理解し、精
神的な支えになる取り組みが強く求められている。

おわりに

　先に言及したように、ひとり親家庭に対する支援施策については「中間まと
め」で指摘した課題を国が汲み取り、ひとり親家庭に対する支援体制をはじめ
施策の強化、そしてこれまで支援の網からもれることもあった父子家庭に対す
る支援強化など、各支援施策が改正されたことは、一歩前進したといえる。今
後は改正された各支援施策がひとり親の生活のしづらさに対し、どのように機
能するかその動向を見守る必要がある。また、実施された施策がひとり親家庭
の貧困率の削減に対してもどのような影響を及ぼしたのか一定の時点で必ず検

証及び評価を行っていく必要があるといえよう。

> ┌ 演習問題 ┐
> 1．ひとり親家庭が抱える多様な生活課題について考えてみよう。
> 2．ひとり親家庭支援施策の歴史についてまとめてみよう。
> 3．ひとり親家庭支援における施策内容の課題について考えてみよう。

注

1）厚生労働省ホームページ「平成28年度全国ひとり親世帯等調査結果の概要」https://www.mhlw.go.jp/file/04-Houdouhappyou-11923000-Kodomokateikyoku-Kateifukishika/0000188136.pdf　2019年10月4日確認。

2）社会福祉の動向編集委員会編『社会福祉の動向2014』中央法規出版、2014年、161頁。

3）前掲注1）。

4）厚生労働省ホームページ「平成29年　国民生活基礎調査の概況 II　各種世帯の所得等の状況」https://www.mhlw.go.jp/toukei/saikin/hw/k-tyosa/k-tyosa17/dl/03.pdf　2019年10月4日確認。

5）原史子「第10講　貧困家庭、外国籍の子どもとその家庭への対応」新保幸男、小林理編『子ども家庭福祉　新基本保育シリーズ③』中央法規出版、2019年、126頁。

6）前掲注5）。

7）厚生労働省ホームページ「平成28年　国民生活基礎調査の概況 II　各種世帯の所得等の状況」https://www.mhlw.go.jp/toukei/saikin/hw/k-tyosa/k-tyosa16/dl/03.pdf　2019年10月4日確認。

8）「子どもがいる現役世帯」とは世帯主が18歳以上65歳未満で子どもがいる世帯を指す。

9）厚生労働省ホームページ「21世紀における国民健康づくり運動〈健康日本21〉」では「社会的健康」を他人や社会と建設的でよい関係を築けることとして説明している。https://www.mhlw.go.jp/www1/topics/kenko21_11/top.html　2019年11月12日確認。

10）社会福祉士養成講座編集委員会編『児童や家庭に対する支援と児童・家庭福祉制度［児童福祉論第2版］』中央法規出版、2011年、149頁。

11）社会保障審議会児童部会 ひとり親家庭への支援施策の在り方に関する専門委員会「ひとり親家庭への支援施策の在り方について（中間まとめ）」、2013年8月。

12）厚生労働省雇用均等・児童家庭局家庭福祉課母子家庭等自立支援室、全国福祉事務所会議資料「母子及び寡婦福祉法の改正等について──ひとり親家庭の支援──」2014年5月20日。http://www.mhlw.go.jp/file/06-Seisakujouhou-12000000-Shakaiengokyoku-Shakai/0000046540.pdf　2019年10月4日確認。

13）越智あゆみ『福祉アクセシビリティ──ソーシャルワーク実践の課題──』相川書房、

　2011年、ⅴ頁。

14）前掲注9）、ⅵ頁－ⅶ頁。

15）前掲注9）、ⅶ頁。

参 考 文 献

赤石千衣子『ひとり親家庭』岩波書店、2014年。

伊藤良高・永野典詞・大津尚志・中谷彪編『子ども・若者政策のフロンティア』晃洋書房、
　　2012年。

厚生労働省雇用均等・児童家庭局家庭福祉課「ひとり親家庭の支援について」2014年3月。
　　http://www.mhlw.go.jp/bunya/kodomo/pdf/shien.pdf

厚生労働統計協会編「国民の福祉と介護の動向2013／2014」厚生労働統計協会、2013年。

流石智子編『児童家庭福祉』あいり出版、2012年。

第11章
保護者・家庭支援としてのカウンセリング

はじめに

　近年、保育士への社会的ニーズは高まり、期待される対象や領域も拡大する傾向にある。児童福祉法第18条の４でも、保育士の業務は「専門的知識及び技術をもって、児童の保育及び児童の保護者に対する保育に関する指導を行う」とされている。保護者に指導するのは、なかなか難しいことで、保護者の側も保育士から指導してもらうという意識は少ないのではないだろうか。また、保育者養成の立場からいっても、複数の保護者支援を意識した科目が設置されているにもかかわらず、新人保育士がすぐに保護者支援で力を発揮することは難しいのではないかと考える。保護者からすれば、経験の浅い保育士よりは少なくともベテランの保育士のアドバイスの方が受け入れやすいであろう。五十嵐淳子が述べるように、保育者養成校において、学生が実習で保護者支援の経験を実際に学ぶチャンスは少ない。[1] 多くの学生が保護者とは挨拶程度の関わりしかできずに実習を終え、保護者との面談に同席することもままならない。保育者養成課程の授業では「子ども家庭支援論」を始めとした科目において保護者支援に関わる学びをするが、そこでは事例に基づく理解がせいぜいであって、実際の経験を積むことはなかなか難しい。そうしたジレンマはありつつも、保育者が家庭をどのように支援するか整理して述べたい。

１　家庭の問題に対応するには

　保育現場において、保護者や家庭を映す鏡は園児である。園児の様子に気になることがあるとき、保護者や家庭で何かトラブルが起こっていることがある。保育現場でみられるケースでも、子どもに何となく元気がないときに家庭内でもめごとがあったり、服や身体に清潔さが保たれていないときに保護者の精神

的余裕が失われていたりする。

　片倉昭子は、家庭の中で起きる様々な問題に対して保育者がどのような支援が可能か述べ、家庭で生じる問題状況として、同居家族の病気、父母の離婚、ひとり親家庭、父母の再婚を挙げている。これらいずれの状況も、家庭内で両親の喧嘩を目にしたり、家族のメンバーがいなくなるという大きな、そしてネガティブな「変化」を体験することで、子どもは目にみえない緊張感とストレスを感じ、普段の言動に気になる点が出てくる。例えば表情に元気がなくなったり、イライラしていたり、時には着ている服がいつも同じだったりすることがある。保育者が保護者の家庭のことにあまり立ち入りすぎると抵抗感をもたれることもあるので、家庭内の問題への介入は簡単ではないため、時には子どもの様子を注意深く見守ることも求められる。上記の例以外にも、児童虐待などの深刻で行政的介入が必要なケースも考慮に入れて、場合によっては児童相談所など関連機関と連携して問題の解決に動き出さねばならない。家族や親族の協力で解決できる問題もあれば、ファミリーサポートセンターや福祉事務所、児童相談所など関係機関と連携する必要がある問題もある。新人や経験の浅い保育者であれば、管理者やベテランへの「報・連・相（報告・連絡・相談）」が必要となる。実際には複数の保育者間で問題を共有し、家庭への対応の方法を探っていくことになるだろう。

　このように、直接子どもと接する保育者は、子どもの様子に気を配り、いろいろな可能性を同僚と話し合う中で、何か家庭で問題が起きていることをある程度は予測することができる。しかし、それを直接、保護者に尋ねることは、ときに家庭内のことを語りたがらない場合もあるので、難しいことも多い。保護者が求めていない援助を行う場合には、拒否されることもあり、そのことで信頼関係を損ねるおそれもある。保育者は毎日の送迎時などに保護者と接していかねばならないから、保護者が困難な状況となった場合には「保育者に相談してみよう」と思ってもらえるような、信頼関係にもとづく関係を維持することが最も重要になる。

2　保護者支援のニーズ

　保育者が第一に責任をもたねばならないのは、園児の育ちである。では園児の保護者や家庭には、どの程度の責任が発生するのだろうか。先に述べたよう

に、保育者は園児の育ちを促進すべく、保護者を指導する役割を担う。しかしながら、上から目線で保護者に何かを教え、指導するという意識はあまりもたない方がよい。保護者は親として、子どもを養育しているというプライドをもっている。したがって、保育者は保護者のそうした気持ちを立てる方がスムーズに関われる。

　牧野桂一は、保育現場における保護者支援は、従来行われているような子育て支援と、気になる保護者への対応とがあると指摘する。その上で、子育て支援における保護者支援には、次の 4 つの問題があるという。[3] すなわち、① 子育てについてのコンサルテーション的なもの、② 保護者自身の悩みに関するカウンセリング的なもの、③ 虐待など社会福祉的立場によるガイダンス的なもの、④ 園への抗議・要望・クレームに関するもの、である。

　①は子どもの育ちについてアドバイスすることで、多くの保育士は対応可能で、保護者との関係も良好に保ちやすい。②は保護者の悩みが精神疾患レベルであると、保育者の手に余り、対応に苦慮すると思われる。③は児童相談所など専門機関との連携が中心となる。④は園の管理者が責任ある対応をしないと、1 人の保育者だけで対応すれば疲弊する。

　一方で、岸本美紀・武藤久枝は、保護者のうち特に母親がどのような支援を望んでいるか、2 度の調査研究を行っている。保育所の園児の男女差を比較した調査[4]と、幼稚園と保育所を比較した調査[5]に共通するのは、悩みの内容に「食事のこと」「言うことをきかないこと」「しつけに関すること」「こだわりが強い」「落ち着きがない」「排泄のこと」「子どもの性格について」「病気のこと」「小学校に入ってついていけるか心配」といった事柄が上位を占めるという点であった。また、保育所と幼稚園を合わせたデータで、保護者が相談相手にしているのは、「夫（73.1%）」「実母（55.6%）」「友人（45.2%）」が比較的多く、その方法は「直接会って話す（90.5%）」「電話（33.9%）」「メール（29.0%）」が上位を占めた。一方、園の担任や主任などに相談するとした割合はいずれも合わせて14%程度であった。園児の母親は多様な悩みを抱えているものの、保育者に相談するよりも自分に身近で頼りやすい人に相談している現状がうかがえる。

　また、中平絢子・馬場訓子・竹内敬子・高橋敏之は、保護者支援時の保育士が感じる困難さについて、事例検討をもとに検討した。[6] その結果、① 若手保育士が新任の時は、保護者の方が自分より年上であり、保護者に対して「言いにくい」という苦手意識があることや、② 若手保育士の職能形成としての最

優先課題は保護者を含めた、人と会話することが苦にならない意思疎通力を身に付けるということ、③中堅・熟練保育士による若手保育士への助言、保育士間の情報共有を行うことの重要性を挙げている。

3 保育経験の受け止め方と質

　保育者は自らの保護者支援の経験をどのように感じているのだろうか。ここではいわゆる保育の質の問題を取り上げたい。植木克美・堀恭子・鎌田良子・後藤守は、都市部の新設保育所における保育士が、母子を支援する際にどのような経験をしているか調査した。研究手法は半構造化面接を用い、修正版グラウンデッド・セオリー・アプローチによってモデル構築を行っている。保育士は以前の職場で出会った母子と、新た出会った母子を比較して、その差異に気づく。例えば、子どもには「思ったより子どもが変わったな」と感じたり、親には「なんか甘くしてきたな」という認識をもったりする。支援が難しいケースであっても母親への肯定的な認識を前提としつつ、ベテラン保育士と経験の浅い保育士が混在した（保育経験年数6〜18年）チームによる支援を行い、結果的に母親の肯定的な変化を引き出す。そして、こうした保護者支援への振り返りを行いながら、出会った母子への心残りをもちつつ、次につなげている。これは保護者支援の質的なプロセスを表す内容であり、保育者がどのような心の動きを経験しながら、他者への肯定的な関心を維持し、母親自身の行動面の肯定的変化を引き出している点で、カウンセリングマインドの応用であるといえる。社会情勢の変化や地域の特性によって母子のあり様も変化する。それらに柔軟に対応する保育者の現状がうかがえる。

　保育者は保護者支援にはどのように臨むべきか。新人保育者が辞めた際、保護者対応で悩んだ理由を聞くことも少なくない。いわゆる困難を抱えさせられている保護者の問題である。保育現場に限らず、給食費未払問題など学校・福祉の領域において保護者のあり方も問われる時代となっている。したがって保育者には、保護者と関わる際に防衛的にならざるを得ない心境もわかる。だが、保育者が保護者に不信感をもてば、それは保護者に非言語の形で伝わりやすい。「できるだけ保護者につけこまれないようにしよう」「保護者にミスを指摘されないようにしよう」「クレームをつけられないよう安全に」という発想では、保護者を支援する前に信頼関係を築くことが難しくなる。

　これは筆者にもカウンセリングで経験があるが、深夜に連絡をしてきたり約束の時間外に相談に訪れたり、自分勝手な態度をとるクライエントに対応することはかなりの欲求不満を生む。しかし、カウンセラーや保育者は相手から依存対象となる役割を引き受けるので、ある程度はやむを得ない。そこで、これ以上は許容できないから、言いにくいことも伝えるという「線引き」をどこでするかというのが重要になる。

4　保護者の障がい受容とジレンマ

　木曽陽子は607名の保育士へのアンケート調査から、61.1％の保育士がクラスに発達障がいの子どもがいると回答したこと、80.7％の保育士が発達障がいの子どもの保育に困難を感じていること、65.7％の保育士が保護者支援に困難を感じていることを明らかにした[9]。保護者支援の困難の内容は、保護者が子どもの様子を理解していないこと、子どもの様子を伝えることの難しさなどであった。

　同様に木曽陽子は、未診断の発達障害の傾向がある子どもと関わる保育士342名に対し、バーンアウトや保護者支援困難等の質問紙調査を実施した。分析の結果、バーンアウトの複数の因子が保護者支援困難の「問題伝達の困難性」との間に相関があり、保護者に問題をどう伝えるかの悩みが燃え尽き感と関連することを示した[10]。

　発達障がいの子どもはその障がいの状態に応じて、十分な保育を受ける権利がある。しかし現実には、発達障がいの子どもたちはコミュニケーションの質的な困難さを抱えていて、そうした子どもたちとどう関わったらよいか、悩む保育士は少なくないであろう。また、コミュニケーションの質的な差異や困難さというのは、客観的に分かりにくく、保護者も理解しづらいことが多い。いわゆる親のわが子に対する障がい受容は、そもそも難しい上に、発達障がいの困難さは微妙なコントラストがあって、親もなかなか認めにくい。

　霜田浩信は、障がいのある子どもをもつ保護者への支援のポイントとして、① 障がい名を安易に口にしない、② 保護者の「わが子の受け入れ」を見きわめる、③ 一般的な子育て論ではなく、その子に合った支援方法を考える、④ 関連機関等との連携、関連機関へのつなぎ方、の4つを挙げている[11]。これらはいずれも重要であるが、その根底にあるのは、障がいをもつ保護者が抱える心

理的なつらさに目を向けようという姿勢である。②はわが子の「障がい受容」に関することであるが、「自分の子は障がい者ではない」と思いたい心理が、性悪説的に保護者のわがままから起こると考えるのか、性善説的に保護者が障がいをもったわが子が将来出会うと予想される、様々な困難に胸を痛めているために起こると考えるかで、保護者への見方も変わる。様々な保護者がいるが、できるだけ性善説的に考える方が支援はうまくいくと思われる。保護者はわが子の将来を憂えているという信念をもつことが、障がいをもつ子どもの保護者支援には不可欠である。

　筆者は、大学生ではあるが発達障がいをもつ男子学生の母親にカウンセリングを行ったことがある。その母親はわが子が小さい頃に、幼稚園で入園を受け入れてもらえなかったことがショックで尾を引いていると語った。母親はときどき涙ぐみながら、これまでの様々な出来事への不満や恨みを語るのに対し、筆者はできるだけ支持的に話を聴いた。この母親はある時期から筆者や地域の発達障害者支援センター等、利用できる支援担当者と積極的につながろうという行動に変化した。つまり、支持的な関わりが保護者の行動を変えることもある。

おわりに

　保護者支援というのは、子どもよりも長い年月を生きてきた人を支えるという行為である。時には自分より年上の保護者の相談を聴かねばならない。それでも保育者は保護者支援が役割の1つなのだから、たとえ経験が浅くとも、保護者に求められたら堂々と話を聴けば良い。相談されるというのは相手の依存対象となっていることである。保育者は子どもだけでなく保護者からも頼られる。経験が浅い保育者でも、少しずつ頼られる経験を積んでいくと、失敗もするかもしれないが、それなりに安定感が出てくるものである。まずは頼られる役割をできる範囲でこなすことを目標にするとよい。保育者は最低限の役割を行いながら、「この保育士さんはいいわ」と思ってもらえるような自己研鑽が必要である。もちろん保育者として経験を積んだベテランとなることも条件であろうが、それ以外にもカウンセリングの研修会や発達障がいの勉強会に参加するなど、保育者個々が独自に学びを続けることが効果的である。最後に、保護者支援は大変なエネルギーを必要とするので、自分1人で抱え込んで疲弊しないように気をつけ、できるだけ上司や先輩からのスーパーバイズや同僚同士

の協力、他職種との連携をもとに取り組むことを勧めたい。

| 演習問題 |

1．保育者は家庭内の問題とどのような距離感をもてばよいか考えてみよう。

2．保護者はどのような支援ニーズをもっているかまとめてみよう。

3．保護者の障がい受容にはどのようなジレンマがあるか考えてみよう。

注

1）五十嵐淳子「保育者養成校における保護者支援の学びの現状」『白鵬大学論集』28巻、2013年、297-308頁。

2）片倉昭子「その他の支援」、富田久枝・杉原一昭編『保育カウンセリングへの招待』北大路書房、2007年、107-121頁。

3）牧野桂一「保育現場における子育て相談と保護者支援のあり方」『筑紫女学園大学・短期大学部紀要』7号、2012年、179-191頁。

4）岸本美紀・武藤久枝「保育所保護者が望む保護者支援についての検討――育児の困り事、相談相手、相談方法に関する質問紙調査による分析――」『保育士養成研究』第31巻、2013年、125-134頁。

5）岸本美紀・武藤久枝「保護者が望む保護者支援のあり方――幼稚園と保育所との比較――」『岡崎女子大学・短期大学研究紀要』第47号、2014年、17-24頁。

6）中平絢子・馬場訓子・竹内敬子・高橋敏之「事例から見る望ましい保護者支援の在り方と保育士間の連携」『岡山大学教師教育開発センター紀要』6号、2016年、21-30頁。

7）植木克美・堀恭子・鎌田良子・後藤守「都市部新設保育園における保護者支援のプロセス――修正版グラウンデッド・セオリー・アプローチの観点を用いた分析より――」『日本教育心理学会第54回大会発表論文集』2012年、805頁。

8）グラウンデッド・セオリー・アプローチ（Grounded Theory Approach：GTA）は、インタビューの質的データを分析する技法である。近年、社会学や心理学、看護学などの質的研究の領域で注目を集めている。修正版GTAについては、木下康仁『グラウンデッド・セオリー・アプローチ――質的実証研究の再生――』弘文堂、1999年を参照。

9）木曽陽子「保育における発達障害の傾向がある子どもとその保護者への支援の実態」『社会問題研究』第63巻、2014年、69-82頁。

10）木曽陽子「未診断の発達障害の傾向がある子どもの保育や保護者支援と保育士の心理的負担との関係――バーンアウト尺度を用いた質問紙調査より――」『保育学研究』54巻、2016年、67-78頁。

11）霜田浩信「障害のある子どもをもつ保護者への支援」、石川洋子編『子育て支援カウンセリング――幼稚園・保育所で行う保護者の心のサポート――』図書文化社、2008年、

100-103頁。

参 考 文 献

伊藤良高・永野典詞・中谷彪編『保育ソーシャルワークのフロンティア』晃洋書房、2011年。

北野幸子・立石宏昭編『子育て支援のすすめ──施設・家庭・地域をむすぶ──』ミネル
　　ヴァ書房、2006年。

國分康孝『カウンセリングの技法』誠信書房、1979年。

第12章　子ども家庭福祉におけるソーシャルワーク

はじめに

　高度経済成長をはじめとする戦後の日本の著しい社会変化により、子どもを取り巻く環境は大きく変わっていった。「1.57ショック」に代表される少子化傾向と同時に、家庭・家族の形態はもちろんのこと、その周囲にある地域社会の共同体としての機能さえも失われつつある。地域共同体の相互扶助機能（社会的弱者に対する支え合いや見守り）は特に都市部において再構築すべきとの声を聞く。

　日本では1947年に「児童福祉法」の成立をみたが、上記のような社会の変革を経る中で、子どもに対する環境の変化（1970年代中ごろから増加した「登校拒否・不登校」、1970年代後半からの「校内暴力」、1980年代半ばから増加した「いじめ」、1990年代から社会的関心が高まった「児童虐待」等）が起きている。児童福祉法は、社会変化を背景にした保育・子育てに関係する多様なニーズへの対応を図ることを目的とした改正を重ねている。今日では、経済的理由や親の病気のみならず、親としての適格性を欠くことなど、問題が深刻化・複雑化している。そのため、親の支援やサービスのネットワークの必要性、少子化に対応する省庁を超えた総合的な施策が求められる。

　本章では、現代社会において子どもとその家族がその周辺環境の変化の中で抱えている問題課題に対して福祉の視点からの関わりを持つ方法であるソーシャルワークについて、その意義、内容、課題について整理して述べる。

Ⅰ　子どもやそのファミリーにおけるソーシャルワークの意義

　社会福祉援助技術と呼ばれるソーシャルワークにおいて、その対象とされるのは、本章で述べる子ども（児童）あるいは家族のみならず、障がい児・者、

高齢者など多岐にわたり、また個人や集団だけではなく地域や社会そのものに対してのアプローチも必要とされている。現在の社会が抱える様々な問題課題に対してソーシャルワークの関わる機会が増えているとも言えよう。生活上の困難さを抱えている人々に対し、その人だけではなくその人が置かれている生活環境にも焦点を当て、関係者や関係機関との連携を持ちながら、その人たちが生きることへの自信を取り戻し、力づける（エンパワメント）ことがソーシャルワークの方向といえる。

　子ども家庭福祉の視点から見ると、ソーシャルワークの対象はすべての子どもでありまた家庭や地域社会をも含んでくる。保育の領域においても、2001年の児童福祉法改正によって、保育士は名称独占の国家資格として法制化された。児童福祉法では「保育士とは（中略）保育士の名称を用いて、専門的知識及び技術をもつて、児童の保育及び児童の保護者に対する保育に関する指導を行うことを業とする者をいう」（児童福祉法第18条の4）と位置付けられ、その第48条の3において相談助言及びその知識・技術の修得の努力義務が明記された。つまり、保育士も、従来までの保育に関わる知識・技術に加えて、ソーシャルワーク実践の価値・知識・方法・技術について、理解し修得した上で、保育実践に臨むことが強く期待されているのである。[1]

　ソーシャルワークを実践する専門職はソーシャルワーカーと言われ、日本においては社会福祉士という国家資格が存在する。社会福祉士の法的な定義は「（前略）福祉に関する相談に応じ、助言、指導、福祉サービスを提供する者その他関係者との連絡及び調整その他の援助を行うことを業とする者」（社会福祉士及び介護福祉士法第2条）となっている。子ども分野に関しては、児童福祉の講義また演習では児童福祉の事例検討および児童福祉施設での現場実習も可能であることから子ども支援の実践にソーシャルワークを含むと捉えることが出来、関連が深いといえよう。

　2000年の「児童虐待の防止等に関する法律」（児童虐待防止法）においては、「児童の福祉に職務上関係のある者は、児童虐待を発見しやすい立場にあることを自覚し、児童虐待の早期発見に努めなければならない」（第5条第1項）とされ、虐待発見時の通告義務が課されている。つまり、保育に関わる専門職として、当事者である子どもを護り育てることのみならず、家族からの相談窓口としての役割や、地域の子育て力を高めることへの関与も期待されていると言える。

　また前述のように2001年の児童福祉法改正で保育士には「保護者に対する保

育に関する指導」が加わり、保育士の行う支援は、子どもに対するケアワーク中心の支援から、子どもとその保護者・家族を対象としたソーシャルワークも行うこととなった。昨今の児童虐待ケースの増加と相まって、子どもとその家庭へのソーシャルワークによる介入はより一層社会的ニーズとして高まっており、ソーシャルワーカーがその専門性を活かす機会が増えている。

　保育士はソーシャルワークの機能を具備する必要があるのだろうか。現在子どもに関わる領域における課題が増大・深化する中で、ソーシャルワークの専門性を活用した支援が有用であることは明らかであり、またこれまで積み上げられてきたソーシャルワークの体系が、児童福祉も含めた様々な分野において、対象者との関係の中で試行錯誤の末に築き上げられてきたことを考えると、保育分野においてもソーシャルワークの技法を活用した子どもへのサービス、保護者へのサービス、地域社会へのサービスを包括・統合的に提供していくことが期待されている。

2　ソーシャルワークの役割・内容

　ソーシャルワーク（社会福祉援助技術）を大別すると直接援助技術（ケースワーク、グループワーク）・間接援助技術（コミュニティワーク、ソーシャルアクションなど）・関連援助技術（スーパービジョン、ケアマネジメントなど）の３つに分けられる。子どもとその家族を支援する方法の１つとしてのソーシャルワークを鑑みるに、直接援助技術としてのケースワークの手法がまず挙げられる。子どもと向き合い、家族の相談を受ける中で、ケースワークの技術が活きてくる。バイスティック（Felix Paul Biestek）が示した７つの原則では、① 個別化、② 意図的な感情表現、③ 統制された情緒関与、④ 受容、⑤ 非審判的態度、⑥ 自己決定、⑦ 秘密保持、が挙げられている。それぞれの原則を、支援を受ける側から捉えると、① 一律同じように扱われたくない、② 自分の感情をありのままに表現したい、③ 自分の気持ちに共感して欲しい、④ ありのままに自分を受け止めてほしい、⑤ 責めたり裁いたりされたくない、⑥ 自分のことは自分で決めたい、⑦ 話した秘密を他人に口外しないでほしい、という気持ちがあることがわかる。困難を抱えた人たちへの関わりを行っていく際に、上記の気持ちがあることを念頭に置いての介入が必要となる。利用者である子どもあるいはその家族、家庭が上記の「……したい」「……してほしい」という欲求を持っている、

　その言葉を傾聴・共感して真摯に向き合うことが、まず援助の第一歩として求められるのである。[2]

　ケースワークの援助過程をみると、① インテーク（受理面接）、② アセスメント（事前評価）、③ プランニング（援助計画）、④ インターベンション（介入）、⑤ エヴァリュエーション（事後評価）、⑥ ターミネーション（終結）の順に進められていく。子ども・家庭との関わりにおいても、① 最初の関わりにおいて信頼関係を築くよう努め、② 周りの状況も含めた詳しい情報収集を行い、③ 関係者も含めて今後どのように関わっていくかの計画を立案し、④ 具体的な関与・支援を行い、⑤ その結果や進捗状況を随時確認し、⑥ 支援関係における関わりを終了する、という一連の流れで援助を行っていく。

　ソーシャルワークで質の高い援助を保障する言葉に「QOL（Quality of Life：生活の質、人生の質、生命の質等と訳される）」がある。近年注目されるのは ROL（Respect of Life）である。「尊厳のある生活」と訳され、利用者が尊厳をもって生きられるよう援助することが必要であるとするものだが、子どもたちが大人たちから守られ、やがては自分の人生を自分で選択し、地域社会からも一人の人間として尊重される生活を送ることを意味する。

　まず、子どもが、今、どのような生活を送っているか、周りの環境はどのようなものか、家族をはじめとする関係者はいかに関わっているのか、それらを適切にアセスメント（事前評価）する。そのうえで、この子どもがこれからどんな生活を送っていくべきなのか、また今の生活をどのようにして向上させていくのかを多面的に捉え考え、計画的に介入していくことがソーシャルワークの視点である。

　地域の中でソーシャルワークを実践していくことを考えると、子どもたちの生活を脅かす要因は、いくつかの要因が絡み合っていることが多いため、地域の中の社会資源の活用が必要である。そこで考えうる公的なフォーマル資源としては、教育センター（教育相談所）や児童相談所、福祉事務所、家庭児童相談室、児童福祉施設、警察、家庭裁判所、民生委員・児童委員、主任児童委員、病院、精神保健センター、保健所、社会福祉協議会などがある。また、インフォーマルな資源としては PTA、NPO 法人、自治会やボランティアなどがある。[3] このように、子どもに支援をしようとする場合、多くの社会資源の協力を得られるはずである。コミュニティワーク、カウンセリング、ファシリテーター、コーディネーターなどの技法や役割を用いることにより、問題の解決に取り組むの

である。

　近年、教育現場においてスクールソーシャルワーカーの導入が叫ばれている。以前より導入されているスクールカウンセラーとソーシャルワーカーの違いからその役割を考えるに、ソーシャルワーカーは、子どもの人権と社会的な公正、健全なパーソナリティ形成支援を理念として、不適切な生活環境を改善していくことに視点を当てた対人援助を行う。スクールカウンセラーが子ども個人に対して焦点を当てるのに対し、ソーシャルワーカーは社会・生活環境にスポットをあてる。つまり、個人と個人を取り巻く周囲の種々の環境的要因が絡み合って生じているという考え方から、子どもだけでなく人と人、人とシステムなどのコーディネートや他専門職・機関との連携を行う。ソーシャルワーカーの役割として、連携を図ることは大きな力を持つ。多方面からの連携とネットワークが必要であり、それをコーディネートするためにはソーシャルワーカーのアセスメントが必要である。[4]

3　今後の課題

　家庭環境の変化があり、虐待などの事案を日常的に目にすることが多くなった昨今、子どもと家庭に関係する領域においてもソーシャルワーカーが関わる場面が増え、また問題が複雑に絡み合うなど深化していると言わざるを得ない。「幼保一元化」をスローガンとする「認定こども園」制度も、少子化と保育・子育てをめぐる多様なニーズに対応するために、子どもの周囲に存在する保育所・幼稚園・教育機関や児童福祉施設などは機能多様化の波に晒されている。

　家庭機能が低下、家庭の崩壊が進行し、大人も子どももその揺らぎの中で生きている現状で、子どもの抱える問題は減少することは無いであろう。健全な家庭機能が子どもの発達に重要であるからこそ、様々な家庭環境で問題を抱える子どもたちの家庭を支えながら取り組みを進めていかなければ子どもの問題は解決できない。子どもの問題行動だけではなくエコシステム（社会環境等と一体化する）の視点から子どもを支えていくソーシャルワークが子どもたちの傍らに必要である。ソーシャルワークの最終目標は、子どもが安心して育っていく社会づくりである。子どもたちは、自分自身の思い・考え（悩みや喜びなど）を、家庭や周りの人たち、地域、社会に様々な形で表現しかつ問いかけている。[5] 児童問題の具体的な把握は、家庭及び地域との関連でトータルに把握することに

よってはじめて可能になる。

　現在の家族・家庭崩壊を予防するためには、家族に何らかの問題が顕在化してきた初期段階あるいは顕在化する前に、子どもを含んだ地域社会など生活環境全体として、とりわけ家族関係を健康・健全化することが必要となってくる。これが、子どもと子どもが生活する家庭を支援する「子ども家庭福祉」の考え方である。

おわりに

　犯罪の低年齢化が問題視され、メディアによる虐待報道が日常的に繰り返されている。子どもやその家庭の幸福や福祉、子育て、教育等々をめぐり、課題が山積している。校内暴力、いじめ、不登校、学級崩壊、これらは単なる学校問題ではなく、また誰がその当事者となっても不思議ではない社会現象となっている。犯罪被害者になってしまう子どもをどう救うのかという側面が重要であるのはもちろんだが、いじめなどのケースでは加害者側になる子どもたちがいることも事実で、こうした子どもたちを支援する具体策の提示及び対応が急務である。

　子ども家庭福祉では、サービスの選択を実際に行うのは、子どもの意思を代弁するということで親や家族が行う場面が多い。子どもの意思を尊重するためにも、保育者は選択できるサービスの質と量の充実を行い、選択するための情報の提供を行うとともに、専門家として子どもの最善の利益を判断しながら、利用するサービスを主体的に自己決定できるようエンパワメントしていくことが必要である。保育者がエンパワメントの基本的知識を持ちながら子どもや親・家族と関わることにより、子どもへの直接的支援による発達を促すとともに、子ども・家族の人権を配慮した、親・保護者への子育て支援に繋げていくことが期待できる。今後の子ども家庭政策においてエンパワメントの視点をもった保育者の養成が、子どもと親・家族の権利擁護に必要不可欠と言えよう。

| 演習問題 |
1. 現代の子どもと子どもを取り巻く環境の変化と課題についてまとめてみよう。
2. 子どもを支援する上でのエンパワメントの視点について調べてみよう。
3. 保育の中でのソーシャルワークの果たすべき役割について考えてみよう。

注

1）中村和彦「保育実践者による『人─環境』への包括的理解──アセスメントスキル・トレーニングへの構想──」『北方圏生活福祉研究所年報』第13巻、2007年、85頁。
2）伊藤良高・永野典詞・中谷彪編『保育ソーシャルワークのフロンティア』晃洋書房、2011年、103頁。
3）周防美智子「子どものためのソーシャルワーク─子ども家庭相談室からスクールソーシャルワークを考える」『龍谷大学大学院研究紀要』社会学・社会福祉学　第14巻、2006年、103頁。
4）同上、103-106頁。
5）増渕千保美・高林秀明「子どもと家庭の生活問題の構造とその地域性──『子ども家庭福祉』の対象課題に関する研究──」『県立広島女子大学生活科学部紀要』第10巻、2004年、106頁。
6）野島正剛「保育者のソーシャルワーク、カウンセリングと家族支援──親のエンパワメント──」『上田女子短期大学紀要』第28巻、2005年、47頁。

参 考 文 献

相澤仁『シリーズやさしくわかる社会的養護5　家族支援と子育て支援──ファミリーソーシャルワークの方法と実践──』明石書店、2013年。
バイステック、F. P.（尾崎新訳）『ケースワークの原則』誠信書房、2006年。
吉浦輪『シリーズ社会福祉の探求4　社会福祉援助学』学文社、2008年。

コラム5

▶子どもの発達支援における作業療法士の世界

感覚過敏がみられる子どもの発達支援の課題

　子どもの発達支援に携わる人間にとって、子どもたちが、大声を出し、笑顔いっぱいで、元気に遊ぶ姿は、とても喜ばしく感じるものである。しかし、時には、友達と一緒に遊ぶことを苦手として、笑顔になれない子どもを目にすることもある。感覚過敏がある子どもの中には、大きな音や雑音がダメだったり、人から触れられるのがダメだったり、ブランコなどの揺れる遊具がダメだったりと、遊ぶことを楽しめないケースが多いとされている。

　近年、発達障害がある子どもの特性を紹介するテレビ番組や新聞記事も増えており、特に、ASD（自閉スペクトラム症）の特徴の１つとして感覚の過敏さが取り上げられることも多くなった。また、感覚過敏に関する研究も進んでいる。国立障害者リハビリテーションセンター研究所の井出正和らの研究チームは、感覚過敏を引き起こす脳のメカニズムとしては解明されてないことが多いとしたうえで、脳内に存在する抑制系の神経伝達物質であるGABAに着目し、GABA濃度の低下による神経の過剰な興奮が、高い刺激の処理精度につながり、感覚過敏を引き起こしている可能性が高いと指摘している。

　以前に比べると、感覚過敏について身近に見聞きするようになり、理解は広がりつつあるが、正しい支援がなされていないケースも多く見受けられる。外見的に子どもの障害が分かりにくいため、できないことがあると、どうしても、子どものやる気のなさやわがままとしてとらえられてしまう。また、感覚というものは、相手がどのように感じているのかを推測するのが難しいものである。そのため、多くの人は、自分と同じように感じていると思い込んでしまい、相手の困り感を想像できないのである。支援する場合でも、子どもの気持ちを察して、子どもの立場に立った発達支援を行うのだが、その難しさを感じている支援者は多いと推測できる。感覚過敏があることを視野に入れつつ子どもを観察していくのだが、専門家でも子どもの行動やしぐさから感覚面の問題を判断するのには習熟が必要である。

感覚統合の考えを生かした発達支援の意義

　発達障害の診断にDSM−5（アメリカ精神医学会『精神疾患の診断・統計マニュアル第5版』）が用いられるようになり、ASDの特徴の１つに感覚の過敏性や低反応などの問題が認識されるようになったが、臨床的には、前からみられていた

症状でもある。1960年代にアメリカの作業療法士であるエアーズ博士が、触覚防衛（例えば、触れる、触られることに不快や嫌悪感を示す）や重力不安（例えば、普通のブランコなどの揺れを恐怖として感じる）として感覚統合障害の症状の1つとして紹介している。感覚統合の理論や療法については、日本でも約40年前から作業療法士を中心として研究会が組織され、その後、学会となり今に至っている。

　現在では、感覚面の過敏さだけでなく、低反応や鈍感などの感覚面の偏りを総じて感覚調整障害と呼ぶ。感覚調整障害の研究をさかのぼれば、前にも書いたが、触覚防衛や重力不安、また、感覚防衛などと呼ばれていた時代もあった。呼び名は変わっても、感覚調整障害があるために、生活する上で困り感を持つ子どもの支援は途切れることなく行われてきた。

　感覚調整障害があるとどのような問題が生じるのか例を示す。聴覚が敏感だと、雑音や大きな音に対し、自ら耳をふさぐ行動がみられたり、がまんできず部屋から飛び出してしまうことがある。視覚が敏感だと、普通の明るさでも非常にまぶしく感じ、物をはっきりと見ることができなかったり、普通に灯っている蛍光灯でも、その点滅が見えてしまい不快を示す場合がある。身体の動きや揺れを感じる感覚である前庭覚が敏感だと、少しの揺れや動きでも恐怖を感じてしまい、ブランコや滑り台などの遊びを避ける傾向がみられる。触れられたり、触れるときに感じる感覚である触覚が敏感だと、手をつなぐのを嫌がったり、体が触れるので集団に入るのを避けたり、あるいは、砂遊びや粘土遊びを極端に嫌がる傾向がみられる。逆に、鈍感な場合もいろいろな問題がみられる。前庭覚が鈍感だと、自分が動いていることを感じにくく、人の2倍も3倍も動き回り、そのため多動と呼ばれるようになる。また、前庭覚だけでなく、関節の動きや筋肉の力の入り方といった身体の内部の感覚である固有覚も鈍感な場合は、さらに動きが激しくなり、物の扱いも雑になり、乱暴さが目立つようになる。このように、感覚の問題は、子どもの気になる行動やふるまいの原因になっているのである。

　さらに気を付けなければいけないことは、子どもの心の発達についてである。親から抱きしめられる経験が、子どもにとって心地いいものでなければ、子どもの精神的な安らぎは得られるものでない。大人から、嫌なこと、苦手なことを無理強いされるとどのようになるだろう。逆に、感覚を欲して動き回るのを止められたらどうだろう。子どもは、「嫌なことをされる」「好きなことを止められる」と思ってしまい、大人に対する否定的な気持ちが芽生えてしまう。このような状態では、子どもとの信頼関係を築くことは難しいであろう。

　また、子どもたちは、自らの経験を通して自己認識を発展させていく。感覚の

問題がある子どもの場合は、自己有能感が育ちにくいともいわれている。成功体験が少なく、失敗経験ばかりで、叱られる経験が多いと、自己認識が低くなるのが想像できる。

作業療法士との「協働」、そして「共創」へ

他にも、感覚統合に問題を持つ子どもの中には、身体を上手に動かしたり、手先を器用に使うことが未熟な子どもがいる。いわゆる運動オンチとか不器用と呼ばれてしまう子どもたちだが、感覚統合障害では（発達的な）行為機能障害とされている。これらの子どもも成功体験が少なく、自尊心が育ちにくいといわれている。

これからは、子どもの個別性を尊重し、多様性のある子どもたちの発達支援を行うことが必要になる。そのためには、これまで紹介したような知識も持つことが大切なのだが、しかし、子どもの立場に立った解釈ができる存在があれば大丈夫とも考えることができる。作業療法士の中で、特に、感覚統合療法を学んだ作業療法士は、感覚に問題がある子どもの通訳者としての役目を担うことができると考える。

子どもの支援場面で多職種の連携が進められているが、連携し協働することで得られる視点の違いを共有し、他職種の子どもを解釈するプロセスに着目し、共創へと進めていくことも大切である。子どもの困り感の原因を解釈するためにも、子どもの支援を担う１人１人が、自分自身のプロとしての視点と合わせて、他の専門職の視点を持つことで、幅広い解釈ができるようになり、支援の幅も広がるのではと考える。

一般社団法人日本作業療法士協会の調査（2019年８月１日現在）では、会員約６万3000人（日本での作業療法士の有資格者数は９万人を超えている）のうち、子どもの発達支援に携わる作業療法士は、約1000名である。残念ながら、作業療法士の全体数からみれば、まだ少数なのだが、それでも少しずつではあるが、地域の中にある児童発達支援センターや児童発達支援事業に勤務する作業療法士が増えてきている。まだ、身近に作業療法士がいない地域も多いと思われるが、子どもへの充実した発達支援を実現するためにも、是非、作業療法士を活用して頂きたい。

コラム 6

▶保育ソーシャルワーク論の新展開

保育とソーシャルワークの潮流

　1948年に児童福祉法が制定され、それと共に正式に保育所が児童福祉施設という法的な施設として認可された。つまり、保母（現保育士）は社会福祉関係の資格としては最も古い歴史を有する。2017年改正『児童福祉法』第 1 条は「全て児童は、児童の権利に関する条約の精神にのっとり、適切に養育されること、その生活を保障されること、愛され、保護されること、その心身の健やかな成長及び発達並びにその自立が図られることその他の福祉を等しく保障される権利を有する。」と述べている。

　保育士の専門性については、その立場や視点によって様々な主張がある。2008年 3 月「保育所保育指針」（厚生労働省・児童家庭局保育課）においては保育士が担う一部のソーシャルワーク機能として、相談援助の専門性、家庭や地域社会との密な連携、虐待予防、アドボカシー（権利擁護）機能などが今日的視点として強調されてきた。これらは乳幼児の発達支援、生活支援を主とするミクロ（個別）・レベルの保育から、保護者支援（入所児童の保護者への支援）・地域子育て支援（在宅子育て家庭への支援）といったメゾ（地域）・レベルへという質的転換を求めるものといえよう。また、地域の子育て家庭に対する相談援助機能を強化するとともに、虐待などの問題が顕在化に至る前の潜在的ニーズへの予防対応をも含めた、アウトリーチのスタンスを重視したソーシャルワークの意義を示唆している。さらに2017年 3 月改定「保育所保育指針」（厚生労働省雇用均等・児童家庭局）においても第 4 章 3 地域の保護者等に対する子育て支援 「（2）地域の関係機関との連携」で「市町村の支援を得て、地域の関係機関との積極的な連携及び協働を図るとともに、子育て支援に関する地域の人材と積極的に連携を図るよう努めること」と行政や関連機関との連携など、ネットワーク体制の構築といったケアマネジメント機能やコミュニティワーク機能の展開を示唆しているといえよう。すなわち、子どもの発達支援、地域子育て支援、保護者支援、アドボカシー（権利擁護）、地域支援ネットワークシステムの構築、といった支援方法を横断的かつ総合的にマネジメントするための質的転換を求めるものである。

　厚生労働省では、保育所保育指針の改定（訂）作業に向けた取組みが行われ、2019年の保育士養成カリキュラム改編において、「保育相談支援」「相談援助」を「子育て支援」へと集約する形となるなど家庭支援機能を重視したソーシャルワーカーとしての保育士の専門性が再認識され、その具体的内容の検討が求めら

れているものといえる。

　つまり、これらの保育士養成課程の改正は保育所にはこれまでの乳幼児の教育・発達支援に立脚した専門性に加えて親を含めた家族を対象とし、相談援助機能やカウンセリング機能を発揮しながらクライアントを包括的にサポートするソーシャルワーカーとしての専門性が求められるようになったとし、人、環境との関係性の在り方という援助の視点の転化を示唆するものであり、保育士のソーシャルワーカーとしての専門性に対する再認識を迫るものである。

　その背景には、急激な少子化の進行や社会構造・家庭・地域を含むコミュニティの変貌、また、個人のライフスタイルや価値観の多様化といった子どもと家庭を取り巻く環境が著しい変化がうかがえる。また、子ども自身においては生活習慣や食習慣の乱れ、規範意識の低下、運動能力やコミュニケーション能力の低下、小学校生活への不適応などといった問題が指摘されている。また、一方で保護者については子育てに対する無理解や孤立化に伴い、過保護や過干渉、育児不安や子ども虐待といった子どもと保護者の関係に起因する問題が指摘されている。

保育ソーシャルワーク論の諸相

　このように、保育とソーシャルワークの関連について俯瞰すると、近年の社会福祉制度、政策、サービス提供の理論的枠組みが大きく変貌した背景には社会福祉サービスが、その対象を一部のマイノリティから「すべての人々」を対象としたサービスメニューの普遍性を強調する「ウェルビーイング（幸福）」・サービスへの転換があった事がうかがえる。すなわち、子ども家庭福祉におけるサービスを受ける側の意識が、そのあり方に反映されるべきとの立場から「与えられる福祉」から「クライアント主体で形成する福祉」を論じる新たな潮流をもたらしている。そのキーワードは「ソーシャル・インクルージョン」（社会的包摂）である。

　つまり、異なる生活や価値観を双方が認め合い、変化と成長を促し新たな地域・文化の形成に関与することになる。今後、求められる保育士の臨床実践も他専門職と同様にクライアントのウェルビーイング確保のためにどのように貢献できるか明言できなければならない。したがって、ソーシャルワークとしての保育の社会的意義をふまえ、対象となる人間そのものについて、また、社会構造について、行動や情動等の心理面についての理解とそれに関する専門知識が要求されることになるであろう。その専門性についても多くの議論があるが、子どものみならず親・保護者を含めた家族を対象とし、心理面をも含みながら包括的にサポートするソーシャルワーカーとしての専門性という共通部分がある。

　保育学界及びソーシャルワーク学界において、保護者に対する支援（子育て支援）を保育施設・保育者の新たな役割・機能として位置づける保育ソーシャルワーク論が積極的に展開され始め、その理論と実践の組織化と体系化を求める機運が高まってきた。さらに、保育とソーシャルワークの学際的領域である「保育ソーシャルワーク」への関心が高まってきており、多くの研究者・実践家によって子ども・保護者支援、地域子育て支援などを対象とする保育ソーシャルワーク論が展開されている。そして、保育ソーシャルワークを学術的に研究する専門学会として2013年11月に日本保育ソーシャルワーク学会が設立されるまでにいたっている。

　同学会は日本保育ソーシャルワーク学会認定資格「保育ソーシャルワーカー」養成研修の実施については、保育ソーシャルワーカーを「保育ソーシャルワークに関する専門的知識及び技術をもって、特別の配慮を必要とする子どもと保護者に対する支援をつかさどる者」と定義づけている。子ども・保護者の育ちとライフコース全般を視野に入れ、子ども・家庭・地域をホリスティック（包括的）に支援することをマネジメントする専門職としての「保育ソーシャルワーカー」養成を目指しており、2016年度以降、「初級」「中級」「上級」3等級の保育ソーシャルワーカーの養成研修、資格認定・登録が始められており、今後の動向とその成果が注目されている。しかしながら、保育ソーシャルワークを子どもの最善の利益の尊重、子どもと家庭のウェルビーイング（幸福）の実現に向けて、学際的領域における新たな理論と実践であるという点は認めつつも誰がどのように担うのか、そのシステムについては統一した見解はみられないことも事実である。これらを鑑（かんが）みると、保育ソーシャルワークという言葉が独り歩きすることになってしまい、自らの保育実践や子育て支援実践がどのように子どもや保護者、家庭の福利に貢献しうるのかという視点が欠落する可能性があり、慎重な議論が求められている。

　今後、保育ソーシャルワーカーの養成については保育ソーシャルワーカーの基盤である、保育ソーシャルワークの定義の明確化と保育ソーシャルワーカーの専門性と機能の具体化、そして保育ソーシャルワーカー養成、研修などについて包括的、体系的な制度の構築や創設が望まれる。

索　　引

《執筆者紹介》（執筆順、＊は編者）

＊伊藤良高 奥付参照 ………………………………………… 第1章・第4章

金子　幸 南九州大学人間発達学部講師 ………………………… 第2章

香﨑智郁代 九州ルーテル学院大学人文学部准教授 …………… 第3章

山本克司 修文大学健康栄養学部教授 ……………………… コラム1

宮﨑由紀子 大原保育医療福祉専門学校熊本校講師 ………… コラム2

高柳奈月 神戸大学大学院人間発達環境学研究科博士課程後期課程院生 … 第4章

姫田知子 四国大学短期大学部幼児教育保育科講師 ………… 第5章

桐原　誠 湯出光明童園家庭支援専門相談員 ……………… 第6章

仲田勝美 岡崎女子短期大学幼児教育学科准教授 …………… 第7章

矢島雅子 京都ノートルダム女子大学現代人間学部講師 …… 第8章

村上　満 富山国際大学子ども育成学部教授 ……………… コラム3

加藤誠之 高知大学教育学部准教授 ……………………… コラム4

＊永野典詞 奥付参照 ……………………………………… 第9章

竹下　徹 徳山大学福祉情報学部准教授 …………………… 第10章

＊下坂　剛 奥付参照 ……………………………………… 第11章

＊三好明夫 奥付参照 ……………………………………… 第12章

森本誠司 京都橘大学健康科学部准教授 ………………… コラム5

若宮邦彦 南九州大学人間発達学部教授 ………………… コラム6

《編者略歴》

伊藤良高（いとう　よしたか）
　1985年　名古屋大学大学院教育学研究科博士課程単位取得退学
　現　在　熊本学園大学社会福祉学部教授、桜山乳児保育園 fiora 園長、博士（教育学）
　著　書　『増補版　幼児教育行政学』（晃洋書房、2018）
　　　　　『教育と福祉の基本問題』（編著、晃洋書房、2018）
　　　　　『保育者・教師のフロンティア』（共編著、晃洋書房、2019）、他

永野典詞（ながの　てんじ）
　2012年　熊本学園大学大学院社会福祉学研究科博士課程修了
　現　在　九州ルーテル学院大学人文学部教授、博士（社会福祉学）
　著　書　『改訂版　保育ソーシャルワークの世界』（共著、晃洋書房、2018）
　　　　　『教育と福祉の基本問題』（共著、晃洋書房、2018）
　　　　　『保育ソーシャルワークの内容と方法』（共編著、晃洋書房、2018）、他

三好明夫（みよし　あきお）
　2012年　九州保健福祉大学大学院社会福祉学研究科博士課程修了
　現　在　京都ノートルダム女子大学現代人間学部教授、博士（社会福祉学）
　著　書　『保育・幼児教育のフロンティア』（共著、晃洋書房、2018）
　　　　　『子どもの豊かな育ちを支えるソーシャル・キャピタル』（共著、ミネルヴァ
　　　　　書房、2018）
　　　　　『介護福祉士養成講座4　介護の基本Ⅱ』（共著、中央法規出版、2019）、他

下坂　剛（しもさか　つよし）
　2002年　神戸大学大学院総合人間科学研究会博士課程修了
　現　在　四国大学生活科学部准教授、博士（学術）
　著　書　『教育と福祉の基本問題』（共著、晃洋書房、2018）
　　　　　『保育者・教師のフロンティア』（共著、晃洋書房、2019）
　　　　　『公認心理師出る！出る！要点ブック＋一問一答』（共著、翔泳社、
　　　　　2019）、他

改訂新版
子ども家庭福祉のフロンティア

2020年4月10日　初版第1刷発行　　　＊定価はカバーに
　　　　　　　　　　　　　　　　　　　表示してあります

　　　　　　　　　　　　　　　伊　藤　良　高
　　　　　　　　　編　者　　　永　野　典　詞　©
　　　　　　　　　　　　　　　三　好　明　夫
　　　　　　　　　　　　　　　下　坂　　　剛

　　　　　　　　　発行者　　　植　田　　　実

　　　　　発行所　株式会社　晃　洋　書　房

　〒615-0026　京都市右京区西院北矢掛町7番地
　　　　　　　電話　075(312)0788番（代）
　　　　　　　振替口座　01040-6-32280

装丁　クリエイティブ・コンセプト　　印刷・製本　西濃印刷㈱
ISBN 978-4-7710-3359-7

日本保育ソーシャルワーク学会 編
改訂版 保育ソーシャルワークの世界
——理論と実践——
A 5 判 208頁
定価 2,000円

日本保育ソーシャルワーク学会 監修
保育ソーシャルワーク学研究叢書 第1巻
保育ソーシャルワークの思想と理論
A 5 判 202頁
定価 2,200円

日本保育ソーシャルワーク学会 監修
保育ソーシャルワーク学研究叢書 第2巻
保育ソーシャルワークの内容と方法
A 5 判 218頁
定価 2,200円

日本保育ソーシャルワーク学会 監修
保育ソーシャルワーク学研究叢書 第3巻
保育ソーシャルワークの制度と政策
A 5 判 208頁
定価 2,200円

伊藤良高・大津尚志・香﨑智郁代・橋本一雄 編
保育者・教師のフロンティア
A 5 判 132頁
定価 1,400円

伊藤良高 編著
第2版 教育と福祉の課題
A 5 判 248頁
定価 2,600円

伊藤良高・大津尚志 編著
新版 教育課程論のフロンティア
A 5 判 132頁
定価 1,400円

伊藤良高・冨江英俊・大津尚志・永野典詞・冨田晴生 編
改訂版 道徳教育のフロンティア
A 5 判 154頁
定価 1,700円

伊藤良高 編著
教育と福祉の基本問題
——人間と社会の明日を展望する——
A 5 判 292頁
定価 3,000円

伊藤良高・伊藤美佳子 著
新版 子どもの幸せと親の幸せ
——未来を紡ぐ保育・子育てのエッセンス——
A 5 判 176頁
定価 1,800円

伊藤良高 著
増補版 幼児教育行政学
A 5 判 164頁
定価 1,700円

西尾祐吾 監修
保育者の協働性を高める子ども家庭支援・子育て支援
——「子ども家庭支援論」「子ども家庭支援の心理学」「子育て支援」を学ぶ——
B 5 判 304頁
定価 3,000円

晃 洋 書 房